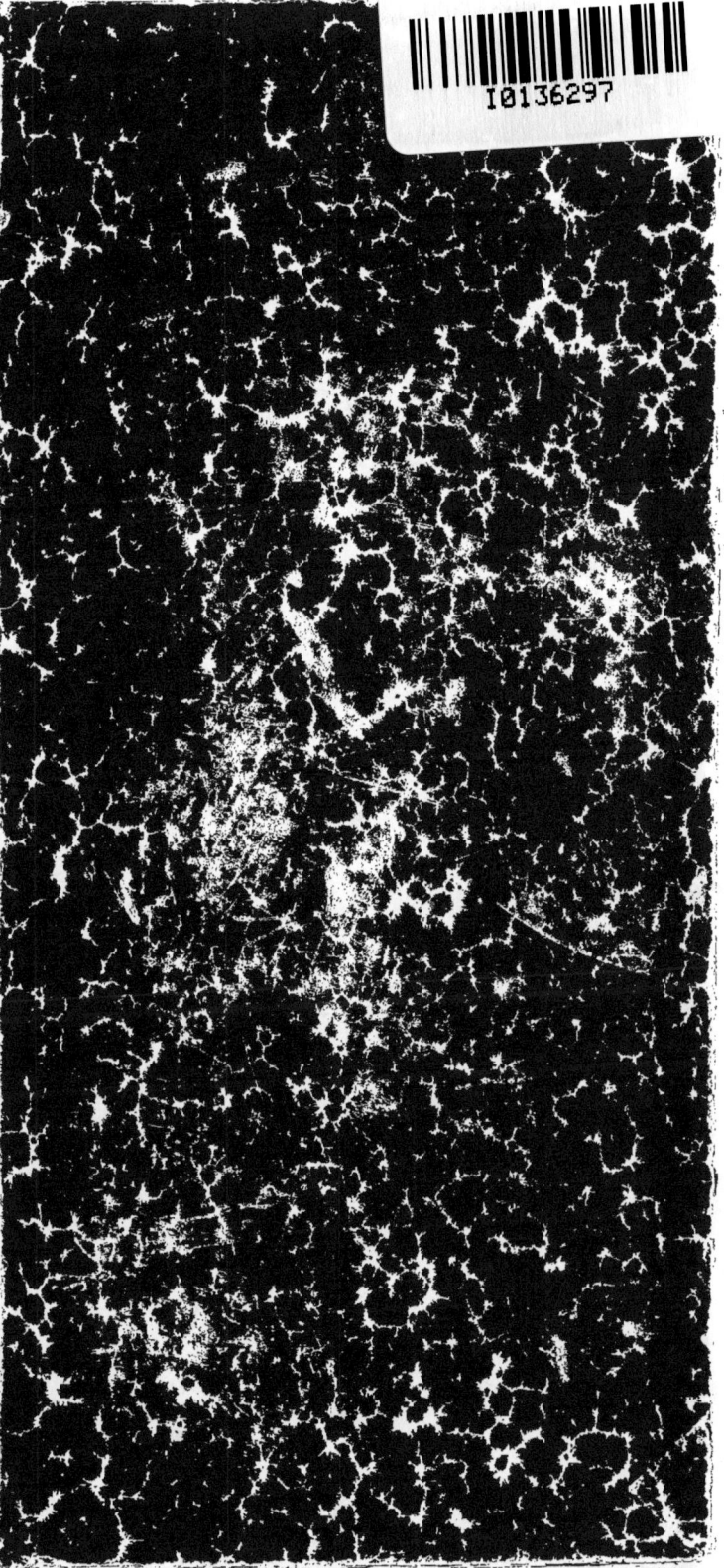

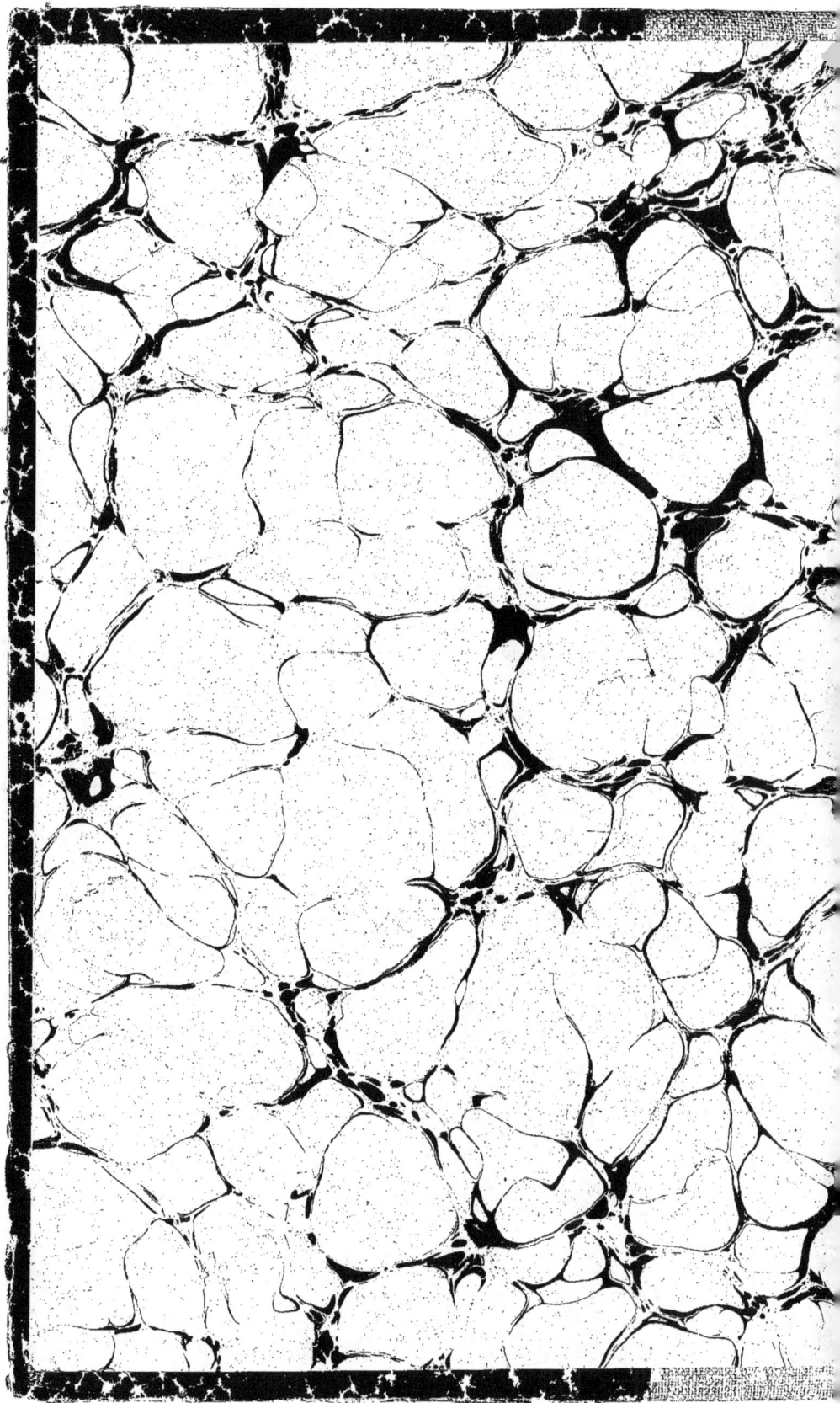

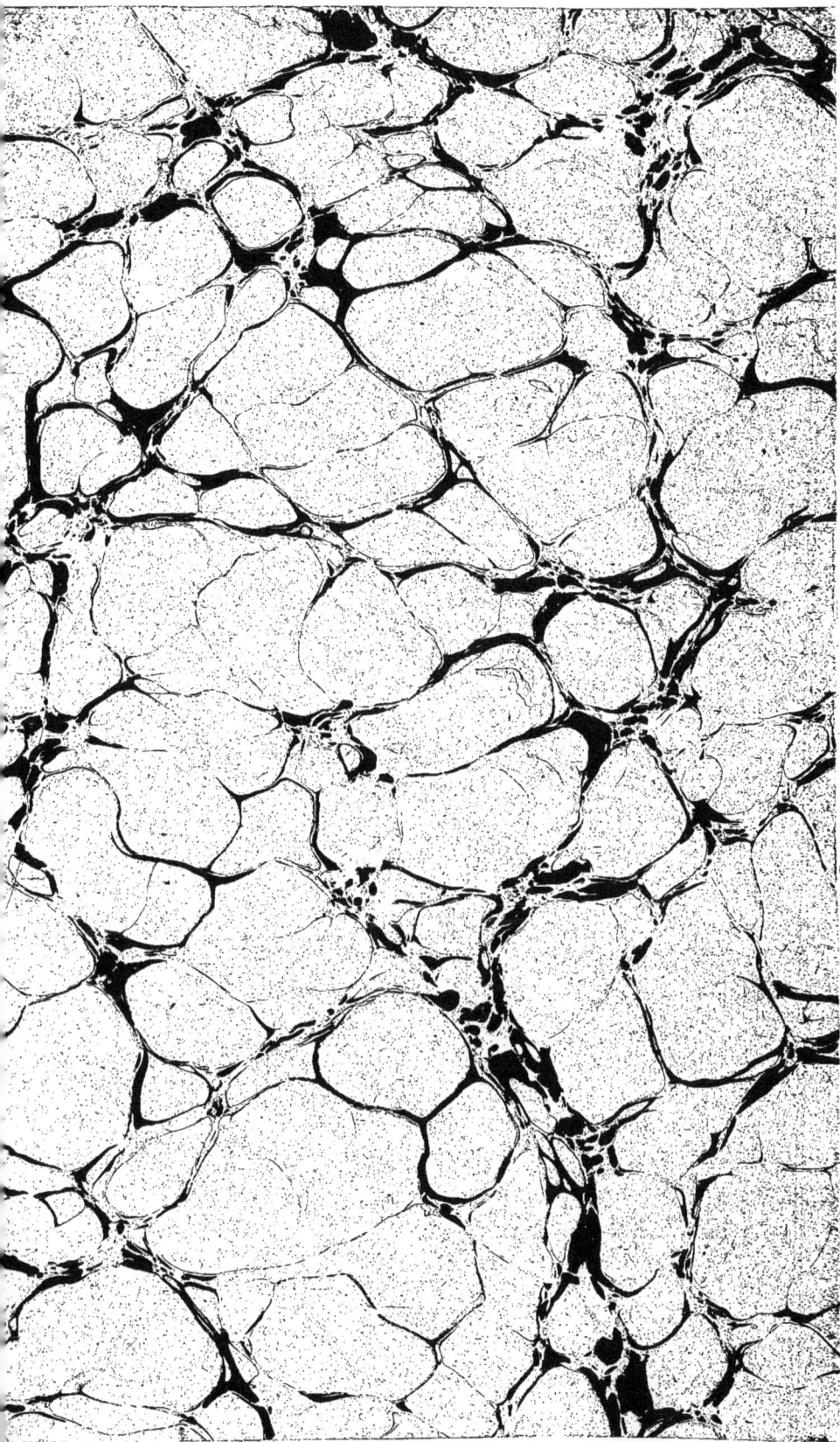

AVANT-PROPOS

Un travail comme celui-ci se trouve exposé à un double écueil. S'il veut ne rien omettre et s'efforce d'être complet, il doit entrer dans des particularités presque insignifiantes, sans éviter, même à ce prix, certaines omissions graves. D'un autre côté, s'il néglige les travaux secondaires, il manque à ses promesses et induit le travailleur en erreur en lui laissant ignorer l'existence de renseignements parfois bien utiles.

Entre deux défauts on a préféré s'exposer à celui qui paraissait le moins grave, et tout ce qu'il a été possible de réunir de documents sur l'histoire de la tapisserie, on l'a soigneusement compilé et classé, sans se dissimuler que ce luxe de détails ne rendrait sans doute que plus sensibles les lacunes inévitables.

Les articles de périodiques ou de journaux spéciaux ont été admis ; ils contiennent parfois un petit fait qu'on chercherait vainement ailleurs.

Naturellement, la tapisserie et les manufactures françaises tiennent la place la plus large dans cette compilation. Qui pourrait se vanter d'être au courant de tout ce qui se publie sur un sujet spécial dans les pays étrangers ?

Pour faciliter les recherches, on a essayé d'introduire dans chacune des divisions de ce travail une certaine méthode. Le classement varie naturellement selon les chapitres : pour les documents relatifs aux Gobelins, par exemple, il ne saurait y avoir d'autre ordre que celui des dates, tandis qu'à l'égard des tentures des églises dont on ignore presque toujours l'origine, elles ne pouvaient guère être présentées autrement qu'en suivant l'ordre alphabétique des noms géographiques.

On a fort hésité à introduire dans ce répertoire les catalogues de ventes de tapisseries. Mais ils fournissent tant de détails instructifs sur nombre de sujets enfouis dans les collections particulières qu'il a semblé que ce serait priver les travailleurs d'une source précieuse d'informations que de les écarter. On a même joint, dans bien des cas, des notes explicatives au titre du catalogue. Peut-être ce chapitre ne sera-t-il pas une des moindres curiosités de cette bibliographie.

Certaines personnes s'étonneront sans doute de ne pas voir citée dans ce travail la tapisserie de Bayeux. Elle a certes depuis longtemps donné matière à nombre de publications. Mais cette prétendue tapisserie n'étant à proprement parler, comme on le sait, qu'une broderie à l'aiguille, il a paru qu'elle ne rentrait pas dans le cadre de la présente compilation, non plus que les autres ouvrages sur la broderie ou les diverses publications sur les tapis anciens et modernes.

L'auteur n'a pas pu examiner par lui-même tous les ouvrages dont il a relevé le titre dans des catalogues spéciaux français ou étrangers. Fallait-il pour cette raison exclure les livres rares ou introuvables ? On a mieux aimé s'exposer à des erreurs que de négliger des indications précieuses.

Une table des noms propres, des noms géographiques et des sujets a paru indispensable pour diriger les recherches à travers un classement qui n'échappe pas toujours à l'arbitraire. Nous croyons qu'elle peut rendre service aux chercheurs, au risque de trahir, comme tous les instruments de ce genre, les imperfections du travail et de faciliter la tâche de la critique.

Bibliographie critique
de la Tapisserie dans les différents pays de l'Europe
depuis ses origines jusqu'à nos jours

I. **Généralités** : A. Histoire générale de la tapisserie ; B. Ouvrages généraux, dictionnaires et articles de revue ; C. Technique : teinture, matières premières, divers ; D. Descriptions écrites et cartons de tapisseries ; E Reproductions de tapisseries en dessin, en gravure ou photographie ; F. Réparation, entretien et conservation des tapisseries. — II. Ateliers de tapisserie. 1ᵛ Manufacture des Gobelins : A. Histoire : Pièces officielles, descriptions et vues ; B. Gobelins : expositions diverses, musée, catalogues, critiques ; C. Peintres et tapissiers des Gobelins ; D. Arrêts du Conseil sur la police de la Bièvre ou rivière des Gobelins. 2° Manufacture de Beauvais. 3ᵛ Ateliers de Paris. 4ᵛ Ateliers d'Aubusson, de Felletin, de Bellegarde, de la Marche. 5° Ateliers de Province. 6° Ateliers d'Arras. 7° Ateliers flamands. 8ᵛ Ateliers italiens. 9ᵛ Tapisseries d'après Raphaël. 10ᵛ Ateliers allemands, anglais, espagnols, russes. — III. Tentures des églises, des musées, des édifices publics et des collections particulières : A Tentures des églises ; B. Catalogues des tapisseries des musées ; C. Tentures des collections publiques ou particulières ; D. Monographies de tapisseries. — IV. Documents sur les tapisseries : A. Inventaires relatifs à des tapisseries ; B. Expositions de tapisseries. — V. Ventes de tapisseries. — VI. Articles de journaux ou revues concernant les ventes.

I. — Généralités.

A) *Histoire générale de la Tapisserie.*

1. Ronchaud (Louis de), *La tapisserie dans l'antiquité ; Le Peplos d'Athéné ; La Décoration intérieure du Panthéon restituée d'après un passage d'Euripide.* Paris, 1884, in-8°.

2. Jubinal (Achille), *Les anciennes tapisseries historiées ou collection des monuments les plus remarquables de ce genre qui nous soient restés du Moyen-Age, à partir du XIᵉ s. jusqu'au XVIᵉ s. inclusivement. Gravures d'après les dessins de V. Sansonetti.* Paris, 1838, in-fol. obl., 35 p. de texte, gr. dans le texte, 126 pl. gr. en noir ou en couleur.

Dans la plupart des exemplaires les planches ne sont pas coloriées. — Il existe des fascicules séparés contenant les tapisseries de Bayeux, de Reims, de la Chaise-Dieu, de Nancy, de Valenciennes, etc.

3. JUBINAL (Achille), *Recherches sur l'usage et l'origine des tapisseries à personnages dites historiées, depuis l'antiquité jusqu'au XVI° siècle inclus*. Paris, 1840, in-8°.

4. GUIFFREY (J.), MÜNTZ (E.) et PINCHART (A.), *Histoire générale de la tapisserie : Tapisseries françaises, par M. J. Guiffrey*, 159 p., 50 pl. hors texte, 3 en photochromie et 22 grav. dans le texte ; *Tapisseries italiennes, allemandes, anglaises, etc., par M. E. Müntz*, 100 et 32 p., 29 pl. hors texte, 23 grav. dans le texte ; *Tapisseries flamandes, par M. A. Pinchart*, 132 p., 26 pl. hors texte, 1 photochromie. Paris, 1879-1884, in-fol°.

5. CASTEL (Albert), *Les tapisseries*. Paris, 1876, in-8°, 22 vignettes sur bois par P. Sellier. — 2ᵉ édition, 1879. (*Bibliothèque des Merveilles*).

6. CHAMPEAUX (A. de), *Tapestry*. London, 1878, in-8°, fig.

7. MÜNTZ (Eugène), *La tapisserie*. Paris, [1881], in-8°, fig. (*Bibliothèque de l'Enseignement des Beaux-Arts*).

Cf. article d'Eug. Véron dans l'*Art*, 1883, tome I, p. 98-100 et 3 pl. — L'ouvrage d'Eugène Müntz a été traduit en espagnol (Madrid, Cruzado, in-4°), et en anglais par miss L.-J. Davis (London, 1885, in-8°).

8. GUIFFREY (Jules), *Histoire de la tapisserie depuis le Moyen-âge jusqu'à nos jours*. Tours, 1886, in-8° et fig.

Une table alphabétique donne les noms des tapissiers et les titres des sujets de tapisseries cités dans l'ouvrage.

Cf. article d'Eug. Véron dans l'*Art*, 1886, t. 1, p. 29-30 et 2 pl.

9. MÜNTZ (Eug.) *Notes sur la tapisserie au Moyen-âge*. Paris, lib. de l'*Art*, 1890, in-8° (*Archives des Arts*, p. 11-14).

10. MÜNTZ (Eug.), *La tapisserie à l'époque de Louis XII*. Paris, 1886, in-4° avec pl. (*Les Lettres et les Arts*, t. III, p. 207).

11. HAVARD (Henry), *La tapisserie*. Paris, Delagrave, 1890, in-8°, 90 illust. par S. Hugard. (Dans la collection intitulée : *Les Arts de l'Ameublement*).

12. CHOCQUEL (M. W.), *Essai sur l'histoire et la situation actuelle de l'industrie des tapisseries et tapis*. Paris, 1863, in-8°.

13. LÜTZOW (A.), *Ouvrages sur l'art plastique : Historique de l'art de la tapisserie depuis son origine jusqu'à l'époque de la décadence, au XVI° siècle*. München, 1869, in-8°.

B) *Ouvrages généraux, dictionnaires et articles de revues.*

14. BUCHHOLTZ (Fˣ), *De aulæorum velorumque usu* etc. Göttingen, 1876, in-8°.

15. SAVARY (Jacques), *Tapis, tapisserie* [*diverses acceptions de ce terme ; — Droits payés à l'entrée en France par les tapisseries sous l'ancien régime*] (*Dict. universel du Commerce*, 1741, in-fol., t. III).

16. *Encyclopédie méthodique. Arts et métiers (Tapissier).* Paris, 1791, t. VIII, p. 61-87.

17. *Dictionnaire Larousse. Tapisserie.* Paris, t. XIV, p. 1463-1465.

18. *La Grande Encyclopédie. Tapisserie.* Paris, t. XXX (1900), p. 922-928 (art. de Ph. Berthelot).

19. DU SOMMERARD (A.), *Les Arts au Moyen-Age.* Paris, 1838-46, 6 vol. de planches in-fol. et 5 de texte in-8° : *Tapisseries,* t. V, p. 261-272.

20. LACROIX (Paul) et SÉRÉ (F.), *Le Moyen-Age et la Renaissance.* Paris, 1849, in-4°. Tome II : *Tapisseries,* par Ach. Jubinal, 14 p. et 8 pl. dont 4 en couleur.

Notice terminée par une bibliographie sur 2 col., où il est surtout question de la tapisserie de Bayeux.

21. BURTY (Ph.), *Chefs-d'œuvre des Arts industriels (Céramique, tapisserie).* Paris, [1866], in-8°.

Cet ouvrage a été traduit en anglais (London, 1869, in-8°).

22. LACROIX (Paul), *Les Arts au Moyen-Age et à l'époque de la Renaissance.* Paris, 1869, in-8°. (*Tapisseries,* p. 35).

Traduction anglaise (London, 1870, in-8).

23. VIOLLET-LE-DUC (A.), *Dictionnaire raisonné du mobilier français de l'époque carlovingienne à la Renaissance.* Paris, 1872, 6 vol. in-8°.

Voir tome I, p. 269-279, aux mots *tapis, tapisseries,* où il est surtout traité de l'emploi des tapisseries dans les châteaux du Moyen-âge.

24. LABARTE (Jules), *Histoire des Arts industriels au Moyen-âge et à l'époque de la Renaissance,* 2ᵉ édition. Paris, 1873, in-4°, pl. (*Tapisseries,* t. II, p. 436-442).

25. BOYER DE SAINTE-SUZANNE (J.). *Lettre à un curieux de curiosités.* Monaco, 1875, in-8°.

26. BOYER DE SAINTE-SUZANNE (J.), *Notes d'un curieux sur les tapisseries tissées de haute ou basse lisse.* Monaco, 1876, in-8°.

27. Jacquemart (Albert), *Histoire du mobilier*. Paris, 1876, gr. in-8°, dessins de J. Jacquemart. (*Tapisseries*, p. 125-189).
Traduction anglaise (London, 1878, in-8°).

28. Darcel (Alfred), *La tapisserie*. Paris, A. Quantin, in-4° et pl. (Extrait des *Arts du bois, du tissu, du papier à la 7° Exposition de l'Union centrale des Arts décoratifs*).

29. Darcel (Alfred), *L'Art ancien en province : La tapisserie*. S. l. n. d., in-12. (Extrait).

30. Gerspach, *Tapis, tapisseries*. Paris, s. d., in-8° à 2 col. (Extrait du *Dictionnaire encyclopédique et biographique de l'industrie et des arts industriels*, p. 474-489).

31. Havard (Henry), *Dictionnaire de l'ameublement et de la décoration depuis le XIII° siècle jusqu'à nos jours*. Paris, s. d. [1888], 4 vol. in-4°, fig. (*Tapisserie*, t. III, p. 1205-1233, 12 pl. dont 1 en couleur).

32. Simond (Ch.), *Les origines de nos tapisseries* (*Revue des Revues*, t. XIII, 1898, p. 82-94).

33. Tapestry (*The London Cyclopædia*, vol. XXI. London, 1829, 24 vol. in-8°).

34. Tapestry (*The Penny Cyclopædia*, vol. XXIV. London, 1833 1858, 29 vol. in-8°).

35. Tapestry (*The Popular Encyclopædia*, vol. XIV. London, 1874-1876, 14 vol. in-8°).

36. Tapestry (*Encyclopædia Britannica*, vol. XXI. Edinburgh, 1853-1859 [8° éd. 21 vol.], in-4°).

37. Tapestry (*The English Cyclopædia : Arts and sciences*, vol. VIII. London, 1854-62, 23 vol. in-4°).

38. Planché (J.-R.), *On the Tapestry of the Middle Ages*. London. 1856, in-8° (*Journal of the Brit. Archæol. Association*, vol. XII, p.130).

39. Jones (Owen) and Wyatt (Sir M. D.), *Textile fabrics*. London, s. d., in-fol., pl.

40. Bechstein et Bibra, *Monuments des Arts en Allemagne depuis les temps les plus reculés jusqu'à nos jours*. Chap. III : *Les grandes Tapisseries actuellement au Musée national de Munich*. Schweinfurt, 1844, in-fol.

41. *Zur Geschichte der " Tapisserie "* (*Kunst und Gewerbe*, vol. XX). Nürnberg, 1886, in-4°.

C) *Technique : teinture, matières premières, divers.*

42. DEYROLLE (Lucien), peintre, ancien professeur de tapisserie aux Gobelins, *Notice de l'art de la tapisserie dans ses rapports avec la peinture et sur les moyens d'exécution dont peut disposer l'artiste tapissier dans les manufactures des Gobelins et de Beauvais.* Beauvais, 1860, in-4°, 17 p. (autographié).

43. DEYROLLE (Lucien), ancien chef d'atelier aux Gobelins, *Manuel sur l'art de la tapisserie, planches par l'auteur.* Manuscrit in-8°, à la Bibliothèque de la manufacture des Gobelins (A XI 18).

44. MAILLARD, ex-artiste aux Gobelins, *Notice sur la tapisserie, sa fabrication, son histoire.* Paris, 1886, in-12, 21 p.

45. *Instructions sur le debouilli des laines destinées à la fabrique des tapisseries.* Paris, imp. royale, 1737, in-4°, 8 p. et 28 articles.

46. *Expérience de teinture faite à la manufacture nationale des Gobelins. Copie de la lettre du citoyen Guillaumot, directeur de la manufacture nationale des Gobelins, au ministre de l'Intérieur.* Paris, 6 nivôse an IV, in-8°, 8 p.

Sur le bois jaune des Indes et le bois jaune de France.

47. MALLOIZEL (Godefroy), bibliothécaire au Muséum, *OEuvres scientifiques de Michel-Eugène Chevreul, doyen des étudiants de France (1806-1886).* Paris, 1886, in-8°, 298 p.

Bibliographie des travaux de Chevreul sur la teinture, et notamment des mémoires et communications à l'Académie des Sciences.

48. CHEVREUL (E.), *De la loi du contraste simultané des couleurs et de l'assortiment des objets colorés considéré d'après cette loi, etc.* Paris, 1839, in-8°, 738 p. et atlas in-4°, 102 fig. en coul.

49. CHEVREUL (E.), Même ouvrage. *Dernière édition, avec une introduction de H. Chevreul fils.* Paris, Imp. nat., 1889, in-4°, pl.

Édition imprimée pour le Centenaire de 1789.

50. CHEVREUL (E.), *Des arts qui parlent aux yeux au moyen de solides colorés d'une étendue sensible, et en particulier des arts du tapissier des Gobelins et du tapissier de la Savonnerie.* Paris, Imp. imp., 1867, in-4°.

51. GRUYER (A.), *Rapport sur les tapisseries des Gobelins à l'exposition de Londres en 1871.* Paris, 1872, in-4°.

52. CHEVREUL (E.), *Académie des Sciences de Paris. Réponse aux allégations contenues dans un rapport de M. Anat. Gruyer sur l'exposition de Londres en 1871, à propos des tapisseries des Gobelins* (*Comptes rendus de l'Académie des Sciences*, t. DXXV, n° 18).

M. Gruyer, dans le compte rendu officiel sur l'exposition de 1871, avait critiqué la multiplicité des gammes et des tons introduite aux Gobelins par Chevreul.

53. TISSANDIER (Gaston), *M. E. Chevreul* (*La Nature*, 28 août 1886, p. 197, 4 portr. de Chevreul).

54. *Centenaire de M. Chevreul, 31 août 1886 : Discours prononcés au Muséum d'Histoire naturelle*. Paris, 1886, in-4° de 24 p.

Discours de M. Gerspach, administrateur des Gobelins.

55. *Inauguration de la statue de M. E. Chevreul au Muséum d'Histoire naturelle le 11 juillet 1901. Discours prononcés par M. E. Perrier, directeur du Muséum, de M. A. Gauthier, délégué de l'Institut, de M. Arnaud, professeur de chimie, et de M. E. David, chef du laboratoire et de l'atelier de teinture des Gobelins* (*Nouvelles Archives du Muséum*, 4° série, t. III, 1901, in-4°, 18 p.).

56. BERTHELOT (M.), *Notice historique sur la vie et les travaux de M. Chevreul, lue à la séance publique annuelle de l'Académie des Sciences, le 22 décembre 1902*. Paris, 1902, in-4°, 48 p.

57. DE LUYNES (V.), *Rapport sur un travail de M. Rosenthiel, relatif à une nouvelle méthode pour la détermination des couleurs complémentaires et aux applications qu'on peut faire de ces couleurs dans la décoration* (*Bull. de la Soc. d'encouragement pour l'Industrie nationale*, oct. 1879 [3e série, t. VI], p. 509-514).

58. DECAUX (C.), *Expériences sur la solidité des couleurs*. (*Chronique des Arts*, 1882, p. 56-58).

59. DECAUX (C.), *Méthode raisonnée de l'étude de la teinture*. Paris, 1882, in-4°, 4 p. (*Bull. de la Soc. d'Encouragement pour l'Industrie nationale*).

60. DECAUX (C.), *Action de la lumière du jour et de la lumière électrique sur les couleurs employées en peinture et en teinture à l'eau et à l'huile. 1883*, in-4° de 24 p. (*Bull. de la Soc. d'encouragement pour l'Industrie nationale*).

61. DECAUX (C.), *Enquête relative à la teinture exécutée aux Gobelins (février 1890)*. Paris, 1890, in-4° de 16 p.

Réponse aux critiques adressées à l'atelier de teinture des Gobelins.

62. GERSPACH, *Analyses de tapisseries, 1676 et 1844 (Gaz. des Beaux-Arts*, 1889, t. I, p. 159-163).

Comparaison du nombre de couleurs employées dans l'*Audience du Légat* et dans les *Adieux de Tilsitt*.

63. ROSSIGNEUX, *Rapport sur la table chromatique de M. Hupé, artiste tapissier à la manufacture des Gobelins*. Paris, 1890, in-4° de 11 p. (Extr. du *Bull. de la Soc. d'encouragement pour l'Industrie nationale*).

64. MEDEM (F.), *Anleitung zur Gobelin-Malerei, sowie zur Terra-Cottamalerei, Malen auf Seide, Leder*, etc. Leipzig, 1890, in-4°.

65. ROUGET DE LISLE, *Tapisseries à l'instar de celles des Gobelins et de Beauvais. Tapis à l'instar de ceux de Perse et de la Savonnerie*. S. l. n. d., (vers 1845), gr. in-8° de 8 p., 2 pl.

C'est la 4° partie d'un traité sur le coloris, le cercle chromatique, le dessin des tapisseries et tapis, avec 17 figures, appelé *Chromographie de Rouget de Lisle*, 27, rue du Faubourg Poissonnière.

66. *La peinture-tapisserie, guide pratique pour son exécution avec les couleurs-teintures (marque E. Mary et fils)*. Paris, Mary et fils, 1886, in-8° de 40 p.

68. *Peinture en matières textiles (depuis les temps anciens jusqu'au XVIᵉ siècle; les tapisseries au XIVᵉ, XVᵉ et XVIᵉ siècle)*. Non signé, s. l. n. d., in-8°, p. 323-380. [Extrait.]

D) *Descriptions écrites et cartons de tapisseries.*

68. BAUDE (Henri), « *Dictz moraux pour mectre en tapisserie* », *publiés par Jules Quicherat (Les vers de maître Henri Baude*, Paris, Aubry, in-18, 1861).

Cf. les manuscrits fr. 1716, 1717, 12490 et 24461 de la Bibliothèque nationale, 509 et 510 du Cab. des manuscrits de Chantilly (1).

69. GUIGNARD (Ph.), *Mémoires fournis aux peintres chargés d'exécuter les cartons d'une tapisserie destinée à la collégiale Saint-*

_____

(1) Le n° 24461 de la Nationale contient des miniatures figurant les scènes racontées dans les Dictz moraux. Ce volume paraît avoir été exécuté entre 1500 et 1509 pour le connétable de Bourbon.

Urbain de Troyes, représentant les légendes de saint Urbain et de sainte Cécile, publiés et annotés par Ph. Guignard. Troyes, 1851, in-8o de 96 p. (Extrait des *Mém. de la Soc. Acad. de l'Aube*, 1850, XV, p. 421).

70. Schumann (Dr Paul), *Der Trojanische Krieg ; Französische Handzeichnungen zu Wandteppichen aus dem XV Jahrhundert*; *acht Tafeln mit erlauterndem Text.* Leipzig, 1896, in-fol., 8 héliogr. avec cahier de texte contenant planches au trait.

71. Guiffrey (Jean), *La guerre de Troie, à propos de dessins (modèles de tapisseries) récemment acquis par le Louvre* (*Revue de l'Art anc. et mod.*, 1899, t. V, p. 205-213, 503-517, 18 grav.).

72. *Cartons de tapisserie exécutés pour François Ier par Matteo del Nassaro* (*Bull. de la Soc. de l'Hist. de l'Art français*, 1877, p. 95).

73. Dimier (L.), *Niccolo dell'Abbate et les tapisseries de Fontainebleau* (*Chronique des Arts*, 1895, p. 372-373 ; — *Annales de la Société hist. et arch. du Gatinais*, XIII, 1895, p. 281-284).

Dessins ayant servi à l'exécution de ces tapisseries.

74. *Album de 11 Arazzi eseguiti sul disegni di Giulio Romano etc. appartenenti all'ex Duca di Modena.* Milano, s. d., in-fol., 11 photog.

75. *Un devis de tapisserie en 1537 pour la Chancellerie de France* (*Chronique des Arts*, 1892, p. 70).

Concerne les tapissiers Girard Laurens et Guillaume Torcheux.

76. Houel (Nicolas), *Histoire de la reine Artemise contenant quatre livres, etc., par M. Houel Parisien, dédiée à la reine Catherine de Médicis.* Paris, Cabinet des Estampes, A^d 105 Réserve. (39 dessins au bistre et à l'encre de Chine, accompagnés de sonnets explicatifs).

Trois dessins de la même série de sujets sont conservés au Musée du Louvre.

77. Dimier (L.), *La tenture d'Artémise et le peintre Lerambert* (*Chronique des Arts*, 1902, p. 327-328).

78. Guiffrey (Jules), *Nicolas Houel, apothicaire parisien du XVIe siècle, fondateur de la maison de la Charité chrétienne et inventeur de la tenture d'Artémise.* Paris, 1899, in-8o de 96 p., 3 pl. (Extrait des *Mémoires de la Société de l'Histoire de Paris et de l'Ile de France*, t. XXV, 1898. Tirage à part à 100 exempl.).

79. Collot (J.-F.), *Notice sur les cartons de Rubens représentant l'histoire d'Achille (7 compositions).* Paris, Didot, 1850, in-8o.

80. Lafond (Paul), *Cartons de Rubens pour la suite de tapisseries de l'Histoire d'Achille* (*26ᵉ Réunion des Soc. des Beaux-Arts des dép.*, 1902, p. 232-238, 3 pl.).

81. Guiffrey (J.), *Jacques Bailly, peintre en miniature* (*L'Art,* 1875, t. II, p. 193-196).

Étude sur le manuscrit à miniatures des « *Devises pour les tapisseries du Roi où sont représentez les Quatre Élémens et les Quatre Saisons* ».

82. Meaume (E.), *Sujets de tapisseries gravés par Sébastien Le Clerc [Exposition des Champs-Élysées de 1876]* (*Mém. de l'Acad. de Metz*, 58ᵉ année, 1876-1877, p. 143-151).

83. *Cartons de tapisseries peints par Oudry (Comédies de Molière, 4 pièces; Métamorphoses, 8 pièces) envoyés à Aubusson en 1761 (Rev. de l'Art français anc. et mod.,* 1888, p. 227-228).

84. Guiffrey (Jules), *Cartons de tapisseries par Holbein proposés à M. d'Angiviller en 1779* (*Nouv. Arch. de l'Art français,* 1879, p. 258-262).

85. Guiffrey (Jules), *Cartons de Jules Romain pour la tenture de Scipion, offerts au roi Louis XVI par le peintre anglais Richard Cosway en août 1786* (*Nouv. Arch. de l'Art français,* 1879, p. 263-268).

86. *Modèles de Michel-Bruno Bellenger, peintre de fleurs pour la manufacture de la Savonnerie en 1786* (*Nouv. Arch. de l'Art français,* 1880-1881, p. 250-256).

87. Malcolmbell, *Sir Edward Burne Jones, a record and review.* London, 1894, in-4°, pl. (Plusieurs modèles de tapisseries).

E) *Reproductions de tapisseries en dessin, en gravure ou photographie.*

88. *Recueil factice de gravures en bois du XVIᵉ siècle, contenant diverses suites exécutées en tapisserie, notamment : Gombaut et Macé (huit sujets); Triomphes de Pétrarque; Siège de Troie; Travaux d'Hercule; Saints et Vertus; Jugement dernier.* Bibl. nat., Cab. des Estampes, Eᵈ 5 g.

Voir aussi la collection Hennin.

89. *Les tapisseries de Saint-Merry.* Bibl. nat., Cab. des Estampes, Aᵈ 104.

Album oblong contenant 27 dessins à la sanguine, à la pierre noire ou en camaïeu bleu. 25 représentent des scènes de la vie du Christ, depuis la

Nativité jusqu'au Crucifiement. Le 26e, plus grand que les autres, est sur
le Jugement dernier ; le dernier se rapporte à un sujet profane. Plusieurs
sont mis au carreau. Ces dessins, de plusieurs artistes, datent du dernier
tiers du XVIe siècle. Le titre suivant, inscrit sur la première page, est
répété sur le plat de la reliure en maroquin rouge : « Recueil de ce qui
« c'est trouvé des desseings des pieces de la tapisserie de saint Mederic,
« reliez en ce livre par l'ordre de Messieurs Hennequin, Tarteron, Leconte
« et Sorellet, marguilliers de ladite esglise en l'année 1644 ». — Un fragment de la tapisserie de Saint-Merry est conservé au Musée des Gobelins.

90. *Dessein des tapisseries de Saint-Barthélemy, dont les sujets sont
tirés de l'histoire de ce saint et faits par un ancien peintre français* (École
française, fin du XVIe siècle). Bibl. nat., Cab. des Estampes, Ad 103.

Album contenant dix-sept sujets de la vie du saint, terminé par son
martyre. Les dessins sont rehaussés de carmin ; chacun d'eux est entouré
d'une bordure à fruits et à cartouches. En tête se trouve cette note
ancienne : « Les noms qui se rencontrent sur quelques-uns de ces dessins
« font croire que ce recueil a successivement appartenu à ces trois ama-
« teurs, Messieurs Hotman, De la Haye et de la Noue, lequel a été très
« connu sous le règne de Louis XIII ».

91. *Modèles de tapisseries de la fin du XVIe siècle* (École de
Cousin). Bibl. nat., Cab. des Estampes, B 6b.

7 compositions : 1° Phaéton ; 2° Vestale puisant de l'eau avec un crible ;
3° Continence de Scipion ; 4° Combat singulier entre deux guerriers ;
5° La Charité ; 6° L'Amitié ; 7° La Vertu se sacrifiant.

92. *Recueil d'armoiries et de devises tirées d'anciens monuments,
vitraux, tapisseries, peintures, etc., etc.. du XVe au XVIIIe siècle.*
Bibl. nat., Cab. des Estampes, Pc 18 et Pc I p., 2 vol. de planches
coloriées (Collection Gaignières).

Le premier registre (Pc 18) renferme une série d'aquarelles exécutées
pour Gaignières (tapisseries d'Antoine de Bourbon, armoiries de Chabot,
Retz, Mazarin, Richelieu). L'autre volume (Pc I p.) est la copie des aquarelles d'Oxford, provenant de Gaignières, au nombre de 62 (Voir les 8 pièces
du comte d'Issenghien, les 7 sujets de l'Enfant prodigue). Tous les sujets
sont longuement décrits dans le catalogue de la collection Gaignières par
M. H. Bouchot (t. I, p. 489-506).

93. *Tapisseries du maréchal de Gyé.* Bibl. nat., Cab. des Estampes,
Oa 15 [fol. 97-101] (Collection Gaignières).

Cinq dessins représentant le maréchal dans les différents états qu'il a
occupés : homme d'armes, guidon, enseigne, général, maréchal.

94. *Plan de Paris en tapisserie provenant de la collection de Gaignières.* Bibl. nat., Cab. des Estampes : Topographie de Paris, grands formats Va 420 (1 feuille).

Avec la reproduction faite par Mauperché en 1818.

95. Franklin (Alfred), *Étude historique et topographique sur le plan de Paris de 1540, dit Plan de tapisserie.* Paris, Aubry, 1869, in-8°.

96. *Tapisseries diverses, recueil factice de reproductions de tapisseries, au trait, en couleur, en photographie.* Bibl. nat., Cab. des Estampes, Ad 110.

Broderies de Bayeux. Suites de Nancy, de Beauvais, de Berne, des Preux, de Dijon, de Gombaut et Macée, Enfant prodigue, Armoiries de Gaignières, Henri II et sa cour, Toiles peintes. Adoration du Veau d'Or de Montdidier.

97. *Tapisseries de M. de Caumartin (Henri II et sa cour), de la famille de Rubempré (cavaliers avec armoiries) ; portrait de Françoise de Longwy, femme de l'amiral Chabot, pris sur une tapisserie.* Bibl. nat., Cab. des Estampes, Oa 16, fol. 4, 26, 29. (Coll. Gaignières).

98. *Recueil de dessins ou cartons, avec devises, destinés à servir de modèles pour tapisseries ou pour peintures sur verre.* Bibl. nat., Ms. fr. 24461, manuscrit sur parchemin de 142 feuillets, XVIe siècle.

Triomphes de Pétrarque, Dieux et déesses, Muses, Femmes de différents pays, Sibylles, Femmes célèbres, etc.

99. *Tapisseries du Roi où sont représentez les quatre Élémens et les quatre Saisons de l'année (avec explication par Félibien).* Paris, imp. roy., 1670, gr. in-fol., 29 pl., dont huit grandes des Éléments et des Saisons, les autres sont pour les titres et les emblèmes.

100. Kraus (J. U.), *Tapisseries du Roy où sont représentez les quatre élémens et les quatre saisons, etc.* Augsbourg, 1687, in-fol.; — Wien, 1886, fol. obl. (Planches avec légende française et allemande).

101. Van den Berge (P.), *Tapisseries du Roy de France où sont représentez les quatre Élémens avec les Devises qui les accompagnent et leur explication.* Amsterdam, s. d., in-4°, fig. (Texte français et hollandais).

102. Félibien (André), *Les quatre Élémens peints par M. Le Brun et mis en tapisseries pour Sa Majesté.* Paris, 1665, in-4°. — *Les quatre Saisons peintes par M. Le Brun et mises en tapisseries pour Sa Majesté.* Paris, 1667, in-4°.

103. DARCEL (Alf.), *Tapisseries des Gobelins : où sont les « Éléments »* *et combien il en a été fait de suites (Bull. de la Soc. de l'hist. de l'Art français*, 1875, p. 35, 51-52).

104. GUIFFREY (Jules), *Contrat pour la gravure des sujets de l'histoire de don Quichotte de Charles Coypel en 1720 ou 1721 (Arch. de l'Art français*, 2ᵉ série, t. II, p. 373, et *Rev. de l'Art français anc. et mod.*, 1887, p. 249).

105. JACQUES, peintre et dessinateur de la manufacture des Gobelins, *Vases nouveaux* (6 p.), F. *Tardieu, sc. ; Nouveau livre de fleurs* (6 p.), P. F. *Tardieu, sc. ; Grands trophées, les quatre Éléments* (4 p.), *Hugier fils, ex. ; Suite de décorations de six feuilles à l'usage des théâtres, panneaux, carosses* (6 pl.). *1756, J. Ph. Le Bas, dir*ᵗ.

106. TESSIER (L.), peintre du Roi pour les fleurs aux Gobelins, *Livres de vases de fleurs* (8 pièces); *Livre de corbeilles de fleurs gravées par Avril l'aîné* (8 pièces); *Livre de fleurs dessinées d'après nature, Avril, sc. ; Livre de fleurs dédié à M. de Buffon* (6 pièces) *; Livre de principes de fleurs dédié aux dames, Chevillet sc.* (50 pl.).

Dessins et aquarelles originales de l'artiste à la Bibliothèque de l'Union centrale des Arts décoratifs.

107. CHENAVARD (Aimé), *Recueil de dessins de tapis, tapisseries et autres objets d'ameublement exécutés dans la manufacture de M. Chenavard à Paris*. Paris, s. d., in-fol., 30 pl. dess. et gr. par Chenavard.

108. FISCHBACH (Frédéric), *Album de tapisserie*. Paris, Ducher, s. d. ; in-4°, 20 pl.

109. COLLINOT (E.) et BEAUMONT (A. de), *Recueil de dessins pour l'art et l'industrie (Tapestry)*. Paris, 1859, 2 vol. in-fol.

110. LIÈVRE (Édouard), *Les arts décoratifs à toutes les époques (Tapisseries)*. Paris, 1870, 2 vol. in-fol.

111. PÉQUÉGNOT, *Vieilles décorations depuis l'époque de la Renaissance jusqu'à Louis XVI. Plafonds, lambris, tapisseries, etc.* Paris, 1875, in-fol.

112. TALBERT (B. J.), *Examples of Furniture, Metal-Work, Tapestries, etc.* London, 1876, in-fol.

113. BRUNET (P.), *Le tapissier de Paris, d'après les compositions de P. B., gravées à l'eau-forte par Ch. Delfosse.* Paris, 1879, in-fol.

114. CHAMPEAUX (A. de), *Dessins et modèles. Les arts du tissu : étoffes, tapisseries, broderies, dentelles, reliures.* Paris, J. Rouam, s. d., gr. in-8°, 150 fig.

115. GUINARD (A.), *L'ameublement artistique : Cartons du tapissier du XI⁰ au XIX⁰ siècle (Compositions et dessins inédits).* Paris, [1882], in-fol.

116. GUICHARD (Ed.) et DARCEL (A.), *Les tapisseries décoratives du Garde-Meuble, choix des plus beaux motifs.* Paris, Baudry, 1881, in-fol., 120 pl. en noir et en couleur.

117. PIAT (Adolphe), *Compte-rendu de l'ouvrage de Guichard et Darcel sur les tapisseries du Garde-Meuble,* avec pl. héliog. des arabesques (*L'Art,* mai 1881, t. I, p. 43).

118. MÜNTZ (Eug.), *Tapisseries, broderies et dentelles, recueil de modèles anciens et modernes, précédé d'une introduction.* Paris, lib. de l'*Art,* 1890, in-4°, 150 grav., dont 66 reproductions de tapisseries déjà parues dans le journal l'*Art.*

119. GUIFFREY (Jules), *Les modèles du musée des Gobelins.* Paris, Guérinet, [1893], pet. in-fol., 123 pl. en phototypie et avertissement.

120. *Tapisseries et tapis : Recueil factice de photographies et de gravures reproduisant les tentures et les tapis des collections de France, d'Espagne, d'Italie, d'Allemagne, etc., classés par ordre chronologique.* Bibliothèque de l'Union centrale des arts décoratifs, 22 portefeuilles cotés 293 et 294, dont 3 de tapis, 17 de tapisseries murales et 2 de sièges, avec peintures originales.

121. *Nombreux albums et portefeuilles de photographies de tapisseries, classées par date et par provenance, à la Bibliothèque de la manufacture des Gobelins.*

Tapisseries anciennes, tapisseries d'Italie, d'Espagne, des Gobelins, de Beauvais, modernes ; tapisseries réparées à la manufacture.

122. *Musée des écuries de la Cour. Dessins exécutés par l'établissement zincographique Ch. Kroïs* (titre en russe). Saint-Pétersbourg, imp. A. F. Marks, 1891, gr. in-8. (Portraits, reproductions de voitures et de traîneaux, et 31 reproductions de tapisseries du XVI⁰ au XIX⁰ siècle : Chambres de Raphaël, Alexandre Le Brun, Chasses, Tenture indienne, Esther, Constantin, etc.).

F) *Réparation, entretien et conservation des tapisseries.*

123. DARCEL (A.), *Report made to the Governor of Malta respecting the repair of the tapestries in the Church of St John the Baptist.* Malta, 1880, in-8° [ms.].

124. DARCEL (A.), *Rapport à Son Excellence le Gouverneur de l'île de Malte sur les tapisseries de Desportes du palais du gouvernement.* Malta, Government Printing Office, 1881, in-fol. de 3 p.

125. DARCEL (A.), *Report made to the Governor of Malta respecting the repair of the tapestries in the Concil Chamber of the government.* Ms. in-8° (1883).

126. DARCEL (A.), *Notes of the visit to Malta to report on the ancient tapestries translated from the French.* Malta, 1883, in-8°.

127. GENTILI (Pietro), *Memoria sulla conservazione degli Arazzi.* Roma, tip. sociale, 1886, in-4°, 36 p.

128. GUIFFREY (Jules), *Rapport à M. le ministre de l'Instruction publique et des Beaux-Arts sur la Collection des tapisseries du mobilier national.* Paris, Imp. nat., 1889, in-fol., 45 p.

129. GERSPACH, *La rentraiture des tapisseries (Magasin pittoresque,* 1891, p. 56, 94 et pl.).

130. GERSPACH, *La réparation des tapisseries (Gazette des Beaux-Arts,* 1891, nouv. série, t. V, p. 82-88).

131. *Les tapisseries nationales (Chronique des Arts,* 1893, p. 41).

Sur un projet de restauration des tapisseries du Garde-Meuble, par M. Vuagneux.

132. L. S. [Jules GUIFFREY], *Manufacture des Gobelins (Chronique des Arts,* 1896, p. 30-31).

Sur la réparation de la tapisserie de Saint-Remi de Reims.

133. GUIFFREY (Jules), *L'atelier de rentraiture des Gobelins et la réparation des tapisseries du mobilier national (Chronique des Arts,* 1896, p. 367-368).

134. GUIFFREY (Jules), *La restauration des tapisseries du Garde-Meuble; crédit voté par le Parlement (Chronique des Arts,* 1900, p. 394-395).

135. GUIFFREY (Jules), *Les tapisseries : Installation, conservation, réparation (L'Art,* 1901, août, p. 344-360, 10 gr.).

136. Calmettes (Fernand), *Les tapisseries du mobilier national* (*Revue de l'Art ancien et moderne*, 1902, t. XII, p. 371-383, 5 pl.).

Sur l'état de conservation des tapisseries de l'État et la nécessité de les réparer.

II. — Ateliers de tapisserie : 1° manufacture des Gobelins

A) *Histoire : Pièces officielles, descriptions et vues.*

137. *Lettre sur le prix des tapisseries des Gobelins en 1651.* (*Nouv. Arch. de l'Art français*, 1880-1881, p. 142).

138. *Édict du Roy pour l'establissement d'une manufacture des meubles de la Couronne aux Gobelins, novembre 1667, registré au Parlement le 21 décembre 1667.* Paris, Imp. du Roi, 1668, in-4°, 8 p.

139. *Édit du Roy pour l'établissement et privilèges accordez aux manufactures royales des meubles de la Couronne, établies aux Gobelins et à la Savonnerie, registré en Parlement le 21 décembre 1668 et le 4 février 1712.* Paris, Jacques Collombat, 1712, in-4°.

140. Guiffrey (Jules), *Comptes des Bâtiments du Roi sous Louis XIV (1664-1715).* Paris, 1881-1901, 5 vol. in-4°.

Voir aux tables de chaque volume les mots *Gobelins, tapisseries*, etc.

141. Darcel (Alf.), *Visite de Louis XIV à la manufacture des Gobelins* (*Magasin pittoresque*, 1879, p. 380, grav.).

142. Dubois de Saint-Gelais, *Histoire journalière de Paris (1716-1717); Visites de Pierre Ier aux Gobelins les 12 mai et 15 juin 1771.* Paris, Société des Bibliophiles, 1885, in-12.

Ce récit de la visite de Pierre le Grand a été réimprimé en 1893 (imp. Daupeley), à l'occasion du séjour des marins russes à Paris sous le titre : « *Pierre le Grand à la manufacture des Gobelins, relation contemporaine.* »

143. *De par le Roy et Mgr le duc d'Antin… Prix de différentes tentures de tapisserie en haute lisse, à commencer au premier janvier 1736.* Paris, Jacques Collombat, 1736, placard.

144. *Arrest du Conseil d'Estat du Roy, servant de nouveau règlement pour l'instruction des élèves dans la manufacture royale des Gobelins, du 16 avril 1737.* Paris, Jacques Collombat, 1737, in-4° et en placard. (Extrait des registres du Conseil d'État).

2

145. *Ordonnance du Roy portant établissement d'un chirurgien aux Gobelins.* Paris, Jacques Collombat, 1739, placard.

146. *Ordonnance du Roy portant défense aux artistes de quitter la France sans une permission écrite.* Paris, Jacques-François Collombat, 1748, placard.

147. *Ordonnance sur le prix des tentures.* Paris, J.-F. Collombat, 1748, placard.

148. *Tapisseries exécutées aux Gobelins d'après différents peintres, présentées au Roi (Journal de Verdun,* janvier 1756, p. 67).

149. *Édit du Roy concernant les Privilèges des Habitans de l'Hôtel royal des Gobelins, donné à Paris au mois de novembre 1667..., et jugement de M^{rs} les maîtres des Requêtes de l'hôtel du Roi pour les en faire jouir, du 9 février 1775.* Paris, Imp. royale, 1775, in-4°, 8 p.

150. *Ordonnance du Roi fixant le prix de la main-d'œuvre pour la haute et la basse lisse.* Paris, veuve Hérissant, 1778, placard.

151. Guiffrey (Jules), *Pièces relatives à la manufacture des Gobelins pendant la Révolution (Nouv. Arch. de l'Art français,* 1882, p. 310-317).

Tableaux proposés par Vien en 1789 pour être reproduits.

152. Tuetey (A.), *Répertoire des sources manuscrites de l'Histoire de la Révolution.* (Documents concernant la manufacture des Gobelins et la Savonnerie : *Assemblée constituante,* t. III, et *Assemblée législative,* t. VI, voir les tables). Paris, 1897-1902.

153. *Décret de la Convention nationale du 21e jour de floréal, an second de la République, relatif aux tableaux qui seront exécutés en tapisserie à la manufacture des Gobelins.* Paris, Imp. nat. du Louvre, an II, in-4°, 2 p., (n° 2362).

Décret ordonnant l'exécution des portraits de Marat et de Lepelletier d'après les copies des tableaux de David.

154. Guillaumot (C. A.), *Notice sur l'origine et les travaux de la manufacture impériale des Gobelins, suivie du catalogue des tapisseries qui décorent l'appartement et la galerie d'Exposition.* Paris, Marchant, an VIII, et an XII, in-8°, 64 p. (Reproduit dans la *Revue univ. des Arts,* t. XVI, p. 323).

Avec deux rapports des commissaires des classes de mécanique, de peinture et de chimie de l'Athénée des Arts, par Darcet, Moreau jeune, Dumont et Lemonnier.

155. *Notice des sujets historiques de chaque pièce des tapisseries des Gobelins à vendre.* S. l. n. d. [1801], in-8° de 4 p. (Bibl. nat., Coll. de Loynes, t. XXV, n° 673).

156. *Visite du pape à la manufacture des Gobelins en 1805.* (*Nouvelles des Arts;* Reproduit dans la collection de Loynes, t. XXXVI, n° 1006).

157. F. A. D. (le baron), *Notice sur les manufactures royales réunies aux Gobelins dans leur rapport avec la dotation de la Couronne.* Paris, Firmin Didot, 1830, in-8°, 17 p.

158. *Notice sur l'origine et les travaux de la manufacture royale des tapisseries des Gobelins et des tapis de la Savonnerie. Catalogue des tapisseries et des tapis exposés, etc.* Paris, 1838, in-18, 48 p.; 1844, in-18, 42 p.; 1846, in-18; 1847, in-18.

159. *Manufacture royale des Gobelins* (*Magasin pittoresque*, 1845, p. 121, 4 pl.).

160. MÉRIMÉE (Prosper), *Commission des Monuments historiques; Rapport de M. P. Mérimée sur les manufactures nationales* (Bibl. de la Manufacture des Gobelins, manuscrit, 28 août 1848, in-fol., 16 p.).

161. LACORDAIRE (A.), *Notice sur l'origine et les travaux des manufactures de tapisseries et des tapis réunis aux Gobelins et catalogue des tapisseries qui y sont exposées.* Paris, Roret, 1852, in-8° 78 p., fig. — Deuxième édition, 1853, in-8°, 204 p., fig. — Troisième édition, 1855, in-8°, 148 p. — Autres éditions datées de 1859 (76 p.), 1860 (38 p.), 1861 (90 p.), 1864, 1867, 1869 (62 p.).

162. BERTRAND (Raymond de), *Les carrelages muraux en faïence et les tapisseries des Gobelins à Dunkerque* (*Congrès archéologique de France* [*1860*], Dunkerque, 27° session, p. 159-170).

163. TURGAN, *Les grandes usines de France : Les Gobelins.* Paris, 1860, gr. in-8°, 48 p., planches de Bourdelin.

164. BADIN, *Manufacture des Gobelins; Règlement pour les ateliers.* Paris, Imp. imp., 1861, in-12 de 18 p.; Paris, Imp. nat., 1872, in-12 de 20 p. (le dernier est signé : Darcel).

165. MANTZ (Paul), *L'enseignement des Arts industriels avant la Révolution* (*Gazette des Beaux-Arts,* 1865, t. XVIII, p. 232-238).

L'auteur étudie l'enseignement donné aux tapissiers de la Trinité, des Gobelins, de Beauvais aux XVII° et XVIII° siècles.

166. [Darcel (Alfred)], *Notice historique sur les manufactures nationales de tapisseries des Gobelins et de tapis de la Savonnerie. Catalogue des tapisseries exposées et de celles qui ont été brûlées dans l'incendie du 25 mai 1871.* Paris, 1872, in-8°, ix-62 p.

167. Sensier (A.), *Manufacture royale des Gobelins et manufacture des draps fins et écarlates des Gobelins : Jean de Julienne* (*Magasin pittoresque,* 1875, p. 386).

168. Cloëz (S.), *Rapport sur les progrès réalisés dans la fabrication des tapisseries et tapis des manufactures des Gobelins et de Beauvais.* Paris, 1875, in-8°, 16 p.

169. Darcel (A.), *Manufacture des Gobelins.* Paris, 1876 (?), gr. in-8° à 2 col. (Extr. du *Dictionnaire de l'Industrie et des Arts industriels*).

170. *Les tapisseries des Gobelins pendant la Commune* (article du *Temps* suivi d'observations critiques d'Alf. Darcel; reprod. dans la *Chronique des Arts,* 1876, p. 306 et 313).

171. *Règlement des écoles de la manufacture nationale des Gobelins.* Paris, 1877, in-8°.

172. [Darcel], *Manufacture nationale des Gobelins. Catalogue des tapisseries exposées dans les galeries le 15 juin 1878.* Paris, 1878, in-12 de 30 p. — Autres éditions, 1881, 30 p.; 1883 (en anglais), 32 p.; 1884, 32 p.; 1885, 94 p.

173. Denuelle, *Rapport à M. le ministre de l'Instruction publique au nom de la commission de la manufacture nationale des Gobelins.* Paris, Imp. nat., 1879, in-4° de 60 p.

174. Alglave (Émile), *Les Gobelins* (*Revue scientifique,* 10 janvier 1880, 4 p. in-4° à 2 col.).

175. *La manufacture nationale des Gobelins; reconstruction des bâtiments* (*Chronique des Arts,* 1883, p. 11).

176. Du Claux (V.), *Les Gobelins à la Chambre* [*refus de crédit pour leur restauration*], *Sadi Carnot rapporteur* (*Courrier de l'Art,* 1883, t. III, p. 601).

177. Gerspach, *La reconstruction de la manufacture des Gobelins* [*projet de transfert à Compiègne*] (*Chronique des Arts,* 1886, p. 171, 187, 260).

178. Gerspach, *Études sur la manufacture nationale des Gobelins;*

l'enseignement et l'apprentissage, les modèles, la production (Revue des Arts décoratifs, 1887, p. 357; 1888, p. 219; et 1889, p. 272).

179. Huard (L.), *Les Gobelins (Petite bibliothèque illustrée des connaissances utiles,* n° 20, août 1887, in-12, pl.).

180. Gerspach, *Les anciennes mesures usitées aux Gobelins* (le bâton valait 1/16 de l'aune flamande ou 1/48 de l'aune carrée de France; le bâton se divisait en 16 parties (*Chronique des Arts,* 1888, p. 150).

181. Bracquemond, *A propos des manufactures nationales de céramique et de tapisserie.* Paris, Chamerot, 1891, in-18.

182. Gerspach, *La question des manufactures nationales. Réponse à M. Bracquemond (Revue des Arts décoratifs,* 1892, p. 17-27, in-4°, grav.).

183. Gerspach, *Les nouvelles tapisseries des Gobelins (Magasin pittoresque,* 1889, p. 164 : *Décoration de l'Élysée,* par Galland; p. 367 ; *Le Manuscrit,* par F. Ehrmann; *Le Héron,* par Bellel).

184. Havard (Henry) et Vachon (Marius), *Les manufactures nationales : les Gobelins, la Savonnerie, Sèvres, Beauvais.* Paris, G. Decaux, 1889, gr. in-8°, planches.

185. Gerspach, *Manufacture des Gobelins : Note sur le travail des ateliers et l'enseignement (Association française pour l'enseignement des Sciences,* Congrès de Paris, 1889, in-8°, 8 p.).

186. *Manufacture nationale des Gobelins : Pétition des tapissiers au ministre au sujet des traitements (Courrier de l'art,* 1890, t. X, p. 121).

187. Hubou (Er.), *Visite des élèves de l'École des hautes études commerciales à la Manufacture des Gobelins (Le travail professionnel,* juillet-août 1890, p. 183, 3 p.).

188. Gerspach, *Le meuble en tapisserie de Napoléon Ier (Gaz. des Beaux-Arts,* 1891, t. VI, p. 154-160 et fig.).

189. Gerspach, *Le Président de la République à la manufacture des Gobelins, 25 avril 1892 (Chronique des Arts,* 1892, p. 140).

190. Gerspach (E.), *La manufacture nationale des Gobelins.* Paris, 1892, in-8°, pl. [documents officiels sur la fabrication].

191. Gerspach (E.), *Répertoire détaillé des tapisseries des Gobelins exécutées de 1662 à 1892 : Histoire, commentaires, marques.* Paris, 1893, in-8°, 254 p. [marques de tapissiers].

192. DARCEL (A.) et GUIFFREY (J.), *Histoire et description de la manufacture des Gobelins.* Paris, Plon, 1895, gr. in-8°, 188 p. [marques et monogrammes des tapissiers]. (Extrait de l'*Inventaire des richesses d'art de la France*, Paris, *Monuments civils*, t. III, p. 77-184).

Inventaire de la collection de tapisseries, d'étoffes, de copies et de dessins de Van der Meulen exposés dans le musée ou conservés dans les magasins des Gobelins.

193. GUIFFREY (J.), *La manufacture des Gobelins* (Extrait du *Monde moderne*, septembre 1896, in-8°, p. 409-426 et fig.).

194. GUIGNET (Ch. E.), *Nouvelles tapisseries des Gobelins* (*Magasin pittoresque*, 1897, p. 225 : *Le mariage civil*, par G. Claude; 1899, p. 216 : *La soie*, par Maignan).

195. TURGAN (Louis), *La manufacture nationale des Gobelins.* Paris, E. Bernard, 1897, gr. in-8°, pl. (Extrait de la revue mensuelle *Les grandes usines*, etc.).

196. G[UIFFREY], *Le nouveau musée des Gobelins, installé dans l'ancienne chapelle* (*Chronique des Arts*, 1897, p. 182-183).

197. GUIFFREY (Jules), *Les tapisseries de Malte aux Gobelins et les tentures de l'Académie de France à Rome* (*Revue de l'Art ancien et moderne*, 1897, t. I, p. 64-66).

198. MAGNE (Lucien), *La tapisserie à la manufacture des Gobelins* (*Art et Décoration*, 1897, p. 34-42, 12 pl. dont une en couleur).

199. *Les tapisseries des Gobelins pour la Comédie française* (*Chronique des Arts*, 1900, p. 370 et 394).

200. CALMETTES (Pierre), *Les Gobelins, leur histoire, comment on les fabrique* (*Magasin pittoresque*, 1900, avril et mai, p. 226-230, 262-266, 7 pl.).

Articles réimprimés dans *Le travail de nos ouvriers modernes d'art et d'industrie*, Paris, 1902, in-8°, p. 23-58.

201. DEMAZY (Gaston), *Les Gobelins en 1900.*

Suite de dix eaux fortes avec couverture gravée, représentant les bâtiments, ateliers, jardins et alentours de la manufacture des Gobelins en 1900.

202. HUYSMANS (J.-K.), *La Bièvre, les Gobelins, Saint-Séverin.* Paris, Société de propagation des livres d'art, 1901, in-8°, 4 eaux fortes et 30 gr. en bois de Lepère.

Le chapitre sur les Gobelins, p. 19-31, fut imprimé pour la première fois dans l'*Écho de Paris* en janvier 1899. Il est ici accompagné de cinq vues de la manufacture.

203. BECKER (Marie-Luise), *Aus der Manufacture nationale des Gobelins* (*Innen-Dekoration,* illustrirte Zeitschrift, Berlin, 1901, p. 57-60, 2 grav.).

204. *Gobelins : Société de secours mutuels de la manufacture nationale des Gobelins. Statuts.* Paris, 1901, in-12, 16 p.

205. GUIFFREY (Jules), *Un musée de tapisseries à la manufacture des Gobelins* (*L'Art,* avril 1903, p. 193-209 et pl.).

206. GUIFFREY (Jules), *Manufacture nationale des Gobelins.* Paris, Leroy fils, phot. [1902], in-4°, 4 p. de texte et 7 photot.

Il existe aussi une édition anglaise.

207. MONTARLOT (Léon de), *Les Gobelins* (*Monde illustré,* 14 mars 1903, p. 243-249, 16 pl.).

B) *Gobelins : expositions diverses, musée, catalogues, critiques.*

208. LORET (Continuateurs de), *Lettres en vers, publiées par le baron James de Rothschild.* Tome I, Paris, Morgand, 1881, in-8°.

Reposoir dressé aux Gobelins par Le Brun le 14 juin 1665, p. 43 ; 17 janvier 1666 : visite de la reine aux Gobelins, p. 615 et 623 ; 1er mai 1666 : visite du roi aux Gobelins, p. 833.

209. LORET (Continuateurs de), *Lettres en vers publiées par le baron James de Rothschild.* Tome II, Paris, Morgand, 1883, in-8°.

Juillet 1667 : visite du cardinal Rospigliosi aux Gobelins, p. 933 ; 22 octobre 1667 : visite du Roi avec description des décorations faites à cette occasion, p. 1056. — Voir aussi les tomes III et suivants.

210. *Explication des tentures de tapisseries que l'on expose ordinairement dans la cour de la maison royale des Gobelins et du Louvre le jour de la Fête-Dieu et de son Octave (1705).* Bibl. nat., coll. Thoisy, vol. 72, f° 396-7.

211. *Explication des magnifiques et nouvelles tapisseries et ouvrages de la Couronne qui seront exposées le jeudi 9 juin 1735, jour de la Fête-Dieu, dans la manufacture des Gobelins.* Paris, Vallery père. (Bibl. nat., V p 3150).

Le jour de la Fête-Dieu, pendant tout le cours du xviiie siècle, il fut d'usage aux Gobelins d'exposer, à l'occasion de la procession, les plus belles tapisseries de la collection royale. Dès 1665, cette exposition publique avait eu lieu, comme le prouve la Gazette rimée des continuateurs de Loret.

Pour cette solennité était imprimé un catalogue de 4 à 6 pages. Il nous reste des exemplaires de ces opuscules rarissimes pour les années 1735, 1736, 1753, 1755, 1765, 1771, 1773, 1774, dont plusieurs à la Bibliothèque nationale. Il a dû en être publié bien d'autres dont il ne subsiste plus actuellement d'exemplaires. Une de ces notices a été reproduite dans la *Revue de l'Art français ancien et moderne*, 1890, p. 174-177.

212. *Notice des principaux tableaux des Gobelins qui décorent l'église de Saint-Étienne-du-Mont depuis les fêtes de Noël jusqu'au jour de l'octave de sainte Geneviève (20 tapisseries à sujets religieux).* Paris, s. d. [vers 1780]. (Bibl. nat., V p 19693).

213. *Catalogue des tapisseries du garde-meuble exposées en 1789 sur le passage de la procession allant du Louvre à Saint-Germain-l'Auxerrois (Bull. de la Société de l'Histoire de l'Art français, 1877,* p. 121-125. [Réimpression].

214. *Notice des tapisseries d'après les grands maîtres des écoles italienne et française exécutées à l'ancienne manufacture de Bruxelles et à celle des Gobelins. — Ces tapisseries sont exposées dans la cour du Palais national des Sciences et Arts conformément à l'article 1er du programme de la fête anniversaire de la fondation de la République [1799].* Paris, Imp. des Sciences et Arts, in-12, 12 p. (Bibl. nat., coll. de Loynes, t. XXI, n° 589 et V p 7462).

215. *Les images parlantes ou dialogue des tapisseries exposées dans la cour du Palais national des Sciences et Arts pendant les six jours complémentaires de l'an VII (1799).* S. l. n. d., in-12, 12 p. (Bibl. nat., coll. de Loynes, t. XXI, n° 590).

216. *Explication des ouvrages de la manufacture des Gobelins exposés [du 18 au 23 septembre 1801] dans les galeries, appartements et ateliers de la manufacture, avec les noms des artistes sur les dessins desquels elles ont été exécutées.* S. l. n. d. [1801], in-12, 11 p. (Bibl. nat., coll. de Loynes, t. XXVII, n° 728).

217. *Description exacte et historique des tapisseries des Gobelins et des superbes tableaux exposés dans l'église Saint-Roch pendant l'octave de la Fête-Dieu.* Paris, Renaudière, 1802, in-12.

218. *Liste et noms des tapisseries des Gobelins qui sont étendues aujourd'hui au Champ-de-Mars.* Paris, 1807. (Bibl. nat., V p 20538).

219. LENOIR (Alex.), *Exposition au Louvre des produits des manufactures royales de porcelaine, des tapisseries des Gobelins et de Beauvais. Rapport lu à la 4e classe de l'Institut historique.* S. l. n. d.

220. *Description des tapisseries qui seront exposées à la porte, dans les cours et galeries de la manufacture royale des Gobelins les 16 et 23 juin 1816.* S. l. n. d., in-8°, 8 p. (Bibl. nat., V p 7461).

221. *Notice des tableaux en tapisserie de la manufacture royale des Gobelins qui décorent la galerie de Diane au Palais des Tuileries.* Paris, in-4°. (Bibl. nat., V 36⁴⁰).

Enlèvement d'Orithie par Borée; mort de Léonard de Vinci, Hélène poursuivie par Énée, etc., etc.).

222. *Notice sur quelques-unes des pièces qui entrent dans l'exposition des manufactures royales de porcelaine de Sèvres, de tapisseries des Gobelins, de tapisseries de Beauvais, des tapis de la Savonnerie, de mosaïque de Paris, faite au Musée royal le 1ᵉʳ janvier 1822.* Paris, Plassan, in-12.

223. *Notice des tableaux de diverses écoles exposés dans le grand salon du Musée royal et dans la salle d'entrée.* Paris, Hérissant le Doux, s. d.

La couverture porte : Exposition des produits de la manufacture nationale.

224. *Notice sur quelques-unes des pièces, etc. (Gobelins, Beauvais, Savonnerie)....* 1823, 1824, 1825, 1826, 1827, 1828, au Musée royal, le 1ᵉʳ janvier; 1829, 1830, 1832, Palais du Louvre, 1ᵉʳ janvier; 1835, 1838, 1840, 1841, 1842, Palais du Louvre, 1ᵉʳ mai ; 1844, Palais du Louvre, 3 juin ; 1846, Palais du Louvre, 1ᵉʳ juin ; 1850, Palais national, 21 avril.

225. Chevreul (E.), *Rapport sur les tapisseries et les tapis des manufactures nationales à l'exposition de Londres de 1851.* (t. V, 2ᵉ partie, Paris, 1854, 100 p.).

Notes sur les travaux scientifiques exécutés aux Gobelins depuis 1662.

226. *Exposition universelle de 1867.* Rapports (Gobelins), t. III.

227. Gruyer (A.), *Rapport sur les tapisseries des Gobelins à l'exposition de Londres en 1871.* Paris, 1872, in-4°. Cf. ci-dessus nᵒˢ 51-52.

228. *Catalogue des produits des manufactures nationales exposées au Palais des Champs-Elysées en 1874.* Paris, Charles de Mourgues, 1874, in-8°.

229. Jacquemart (Albert), *Exposition des produits des manufactures nationales; Les Gobelins (Gazette des Beaux-Arts, 1874, t. X, p. 499-505 et pl.).*

230. *Exposition universelle de 1878 : Catalogue officiel des produits exposés par les manufactures nationales de France : Sèvres, les Gobelins, Beauvais.* Paris, Imp. nat., 1878, in-8°, 28 p. (26 n°ˢ pour les Gobelins, 36 pour Beauvais).

231. JOUIN (Henry), *Exposition universelle de 1878. Notice historique et analytique des peintures, sculptures, tapisseries, etc. exposées dans les galeries des portraits nationaux au palais du Trocadéro.* Paris, 1879, in-8°.

232. DENUELLE, *Rapport à M. le ministre de l'Instruction publique et des Beaux-Arts sur les tapisseries et les tapis modernes qui ont figuré à l'exposition de 1878.* Paris, Berger-Levrault, 1879, in-4°, 48 p.

233. *Exposition internationale de Sidney en 1879. Les manufactures nationales : Sèvres, les Gobelins, Beauvais* (1 tapisserie, *La Terre*). Paris, de Mourgues, 1879, in-8°.

234. *Exposition internationale d'Amsterdam, 1883. Catalogue des manufactures nationales : Sèvres, les Gobelins, Beauvais.* Paris, Quantin, s. d. [1883], in-16, 38 p.

235. *Catalogue de l'exposition des manufactures nationales : Sèvres, les Gobelins, Beauvais, la mosaïque, à la 8ᵉ exposition de l'Union centrale des Arts décoratifs.* Paris, Motteroz, 1884, in-16, 211 p.

236. GAIDA (Marc), *Les nouvelles tentures des Gobelins et de Beauvais à l'exposition de l'Union centrale des Arts décoratifs, août, septembre, octobre 1884.* Paris, Desfossez et Cⁱᵉ, 1885, in-8°, 36 p.

237. *Exposition universelle de 1889 ; Catalogue officiel des manufactures nationales.* Lille, Danel, 1889, in-8°, 75 p. (Gobelins, p. 60).

238. *Exposition de 1889. Rapports du jury international : tapis, tapisseries et autres tissus d'ameublement. Rapport de M. Victor* LEGRAND. Paris, Imp. nat., 1891, gr. in-8°, 54 p.

239. CALMETTES (Fernand), *La manufacture des Gobelins (Revue de l'Exposition universelle de 1889,* Paris, Dumas, in-4° [planches de l'auteur], p. 32-36, 45-50, 149-152, 197-200).

240. MÜNTZ (E.), *Rapport sur les tapisseries de la manufacture nationale des Gobelins à l'Exposition universelle de 1889.* Paris, Imp. nat., 1890, in-8°.

241. *Exposition universelle de 1900. Catalogue des œuvres exposées*

par les manufactures nationales de l'État : Gobelins, Sèvres, Beauvais.
Paris, Lib. centrale des Beaux-Arts, 1900, in-8°, 68 p.

242. GUIFFREY (Jules), *La manufacture des Gobelins à l'Exposition universelle de 1900 (Exposition de Paris,* 1900, in-fol., n°s 34 et 35, 8 pl.).

243. *La décoration et l'ameublement à l'Exposition de 1900, série 4.* Paris, Guérinet, 1901, in-fol.

Planches 1 à 29 reproduisant les tapisseries des Gobelins figurant à l'Exposition universelle. Les planches 29 à 40 donnent des tapisseries de Beauvais ; 94 à 98 des tapisseries d'Aubusson de la maison Bernaux.

244. FARGÉ (L.), *Les Gobelins à l'Exposition universelle de 1900 (La Décoration ancienne et moderne,* avec planches).

245. LA MARFÉE (Georges de), *Le livre d'or de l'Exposition de 1900 : les Gobelins.* Paris, Cornély, in-4°, n° 1, p. 12.

246. *Die Pariser Gobelin-manufaktur auf der Ausstellung von 1900. (Deutsche Teppich-Möbelstoff-Zeitung,* Berlin, Fischer et Wolff, 10 mars 1900, in-4°, pl.).

247. LAMEIRE (Charles), *Rapport au ministre sur les tapis et tapisseries exposés en 1900 par la manufacture des Gobelins.* Paris, 1902, in-8°.

248. MONTARLOT (L. de), *L'exposition des Gobelins au palais des Champs-Élysées en 1902 (Monde illustré,* 19 août 1902, 4 pl.).

249. GUIFFREY (Jules), *L'exposition des Gobelins au grand palais; 3e Centenaire de la fondation de la manufacture des Gobelins, 1601-1901 (Gazette des Beaux-Arts,* 1902, 2e vol., p. 265-280, 6 pl.).

250. GUIFFREY (Jules), *Deux expositions de tapisseries, Stockholm-Paris, 1902 (L'Art,* août 1902, p. 445-457, 11 pl.).

C) *Peintres et tapissiers des Gobelins.*

251. MILLER (E.), *Manuscrit de Claude Nivelon sur Le Brun; rôle du peintre aux Gobelins (Gaz. des Beaux-Arts,* 1863, t. XV, p. 208-212).

252. GENEVAY (A.), *Le style Louis XIV. Charles Le Brun, décorateur, ses œuvres.* Paris, 1886, in-4°. (Tapisseries, p. 79-102).

253. JOUIN (Henry), *Charles Le Brun et les arts sous Louis XIV*. Paris, Imp. nat., 1889, in-4⁰. (Chap. V : aux Gobelins, 1661-1666, p. 129-171 et *passim*).

254. MERSON (Olivier), *Charles Le Brun à Vaux-le-Vicomte et à la manufacture royale des meubles de la Couronne* (*Gaz. des Beaux-Arts*, 1895, t. XIII, p. 89-104, 398-410 et t. XIV, p. 5-14. [Reproductions de tapisseries et de dessins].

255. GUIFFREY (J.), *Mémoire des travaux de Van der Meulen pour le Roi depuis 1664; Inventaire des tableaux et dessins trouvés chez lui aux Gobelins le 6 mars 1691* (*Nouv. Arch. de l'Art français*, 1879, p. 119-145).

256. GERSPACH, *Les dessins de Van der Meulen aux Gobelins* (*Gaz. des Beaux-Arts*, 1892, t. VIII, p. 144, 4 pl.).

Ces dessins ont servi en partie à l'exécution des tableaux des conquêtes de Louis XIV et des tapisseries de l'histoire du Roi.

257. TRAVERS (Émile), *Notes sur le peintre Bonnemer de Falaise* (*Soc. des Beaux-Arts des départements*, 1880, t. IV, p. 218-226).

Bonnemer était un des artistes attachés aux travaux des Gobelins sous la direction de Le Brun.

258. BRÉMISSON (René de), *François Bonnemer, peintre et graveur* (*Bulletin de la Soc. des Beaux-Arts de Caen*, V, 1878, p. 393-408).

259. ENGERAND (Fernand), *Inventaire des tableaux commandés et achetés par la Direction des Bâtiments du Roi (1709-1792)*. Paris, Leroux, 1901, in-8⁰.

Nombreuses mentions de modèles commandés pour les Gobelins et la Savonnerie. — Voir à la table, les noms d'artistes ainsi que les mots *Gobelins* et *Savonnerie*.

260. GUIFFREY (J.), *Lettre de Desportes sur le sujet du 4ᵉ panneau de la tenture des Indes (Combat d'animaux), 1738* (*Nouv. Arch. de l'Art français*, 1880-1881, p. 194-198).

261. GUIFFREY (J.), *Les Boucher des Gobelins* (*Rev. de l'Art ancien et moderne*, 1899, t. II, p. 433-439, 1 eau-forte et 6 grav. dans le texte).

262. VAN LOO, *Thésée vainqueur du taureau de Marathon. Tableau de M. Carle Van Loo pour les tapisseries du Roi*. Paris, 1745, in-12.

263. *Marché passé par Louis Nouzon, tapissier des Gobelins, en 1739, pour la fourniture d'un meuble de tapisserie (Nouv. Arch. de l'Art français, 1880-1881, p. 144-145).*

264. *Scellé apposé après le décès de Jean Lefèvre, tapissier haute-lissier du roi aux Gobelins, le 14 septembre 1739 (Nouvelles Arch. de l'Art français, 1883, p. 366-370).*

265. *Mémoire pour Me Thomas Michelin le jeune, ci-devant notaire au Châtelet de Paris, contre la d^{elle} veuve du sieur Lefèvre, entrepreneur des ouvrages de la manufacture des Gobelins.* Paris, imp. Simon, 1743, in-fol., 36 p.

266. *Mémoire de Claude-Louis Robineau, conseiller du Roy, notaire au Châtelet de Paris, contre Anne-Charlotte Desnots, veuve de Jean Lefèvre, entrepreneur des ouvrages de la manufacture des Gobelins.* Paris, d'Houry, 1744, in-fol., 8 p.

267. *Mémoire pour Pierre-Marie Bidault, conseiller du Roi en l'Élection de Paris, et de Françoise Lorette, son épouse, accusés, contre D^{elle} Anne-Charlotte Desnots, veuve du feu sieur Jean Lefèvre, entrepreneur des ouvrages de la manufacture des Gobelins, accusa-trice.* Paris, Ant. Boudet, 1744, in-fol., 16 p.

268. *Scellé après décès de Mathieu Monmerqué, entrepreneur des tapisseries du Roi aux Gobelins le 2 juillet 1749 (Nouv. Arch. de l'Art français, 1884, p. 116-126).*

269. *Scellé après décès de François Meusnier, tapissier des Gobelins le 26 juin 1751 (Nouv. Arch. de l'Art français, 1884, p. 136).*

270. *Scellé après décès de Charles Mériel, teinturier du Roi à la manufacture des Gobelins le 14 août 1751 (Nouv. Arch. de l'Art français, 1884, p. 137-138).*

271. *Congé de six mois donné à Neilson fils, tapissier, pour aller en Angleterre pour ses affaires (15 octobre 1767); Prolongation de six mois (Nouv. Arch. de l'Art français, 1878, p. 41-42).*

272. CURMER (Albert), *Notice sur Jacques Neilson, entrepreneur et directeur des teintures de la manufacture royale des tapisseries des Gobelins au XVIIIe siècle.* Paris, 1878, in-8°.

273. LEROY (G.), *Le tapissier Cozette, peintre-portraitiste au XVIIIe siècle (Soc. des Beaux-Arts des départements, 1899, t. XXIII, p. 137-145, 1 pl.).*

274. Perrot (Ém.), *Artistes des Gobelins et de Sèvres incorporés dans la garde nationale en 1790* (*Revue de l'Art français anc. et mod.*, 1897, p. 82-89).

275. Lacordaire (A. L.) et Guiffrey (Jules), *État-civil des tapissiers des Gobelins au XVII⁰ et au XVIII⁰ siècle* (*Revue de l'Art français anc. et mod.*, 1897, p. 1-60).

276. Guiffrey (J.), *Les modèles des Gobelins devant le jury des arts en septembre 1794* (*Revue de l'Art français anc. et mod.*, 1897, p. 343-389).

277. Decamps (Louis), *Les panneaux décoratifs de M. Ehrmann, ses modèles pour les Gobelins : le Manuscrit et l'Antiquité* (*L'Art*, 1885, t. II, p. 14, 86-88 et pl.).

278. Havard (Henry), *L'œuvre de P.-V. Galland, directeur des travaux d'art aux Gobelins.* Paris, A. Quantin, 1895, in-4⁰, pl. (V. ch. XVIII, *Les Gobelins*).

D) *Arrêts du Conseil sur la police de la Bièvre
ou rivière des Gobelins.*

279. *Arrest du Conseil d'Estat du roy du 24 février 1673, et lettres patentes sur icelui données à Versailles au mois d'octobre 1673, registrées en Parlement le 28 novembre 1673.* Paris, P. Prault, 1749, in-4⁰.

Cet arrêt ordonne aux tanneurs et teinturiers de se retirer au faubourg Saint-Marcel ou à Chaillot.

280. *Arrest de la cour de la table de marbre du Palais à Paris, concernant la rivière de Bièvre, dite des Gobelins, rendu le 26 octobre 1678.* Paris, Jacques Collombat, 1709, in-4⁰.

281. *Arrest du Conseil d'Estat du roy du 26 février 1732, sur la police de la Bièvre.* Paris, Prault, 1748, in-4⁰. (Extrait des registres du Conseil d'Estat).

282. *Arrest du Conseil d'Estat du roy... du 5 décembre 1741* (*Confirmation de l'arrêt de 1732*). Paris, P. Prault, 1748, in-4⁰.

283. *Extrait des registres du Conseil d'Estat sur la police de la Bièvre.* Paris, Mesnier, 1742. [Placard].

284. *Observation servant de supplément au mémoire présenté à Sa Majesté au mois d'octobre 1748 par les intéressés à la conservation des eaux de la rivière de Bièvre, dite des Gobelins.* Paris, P. Prault, 1748, in-4°.

285. *Mémoire par les intéressés à la conservation des eaux de la rivière de Bièvre, dite des Gobelins, contre le sieur de La Martinière, premier chirurgien du roy.* Paris, Quillau, 1749, in-4°.

2° MANUFACTURE DE BEAUVAIS

286. *Lettres patentes du Roy du mois d'aoust 1664 pour l'establissement d'une manufacture royale de tapisseries de haute et basse lice en la ville de Beauvais ou autre de la province de Picardie, registrées en Parlement et Chambre des Comptes.* S. l. n. d. [1664], in-4°, 8 p.

287. *Vente de tapisseries par Philippe Béhagle, entrepreneur de la manufacture de Beauvais en 1689.* (*Revue de l'Art français anc. et mod.*, 1892, p. 62-64).

288. *Scellé apposé après le décès de Louis Hinart, tapissier du Roi le 1er juin 1697* (*Nouv. Arch. de l'Art français*, 1883, p. 175-190).

289. *Arrest du Conseil d'Estat du Roy, qui permet l'ouverture d'une loterie dans la ville de Paris pour la manufacture royale de tapisseries établie à Beauvais* (*24 août 1715*). S. l. n. d., in-4°. (Extrait des registres du Conseil d'Estat).

290. *Arrest du Conseil d'Estat qui subroge dans le privilège de la manufacture de Beauvais le sieur Antoine Merou au sieur Filleul* (*15 juillet 1722*). S. l. n. d., in-4°.

291. *Arrest du Conseil d'Estat du roy concernant la manufacture de tapisseries de Beauvais, du 15 juillet 1722* (*Règlement*). Paris, Joseph Saugrain, s. d., in-4°. (Extrait des registres du Conseil d'Estat).

292. *Arrest du Conseil d'Estat du roy par lequel Sa Majesté a choisi et nommé, au lieu et place du sieur Jacques Duplessis, le sieur Jean-Baptiste Oudry, peintre de Sa Majesté et de l'Académie royale de peinture et sculpture, en qualité de peintre et dessinateur de la manufacture royale de Beauvais, prescrit ce qui sera observé et fourni par le dit sieur Oudry à l'entrepreneur de la dite manufacture, et ordonné qu'il lui sera payé annuellement par l'adjudicataire général*

des fermes, la somme de trois mille cinq cens livres pour ses appoin-
temens en la dite qualité (22 juin 1726). Paris, veuve Saugrain et
Pierre Brault, in-4° (Extrait des registres du Conseil d'Estat).

293. *Extrait des minutes du greffe du bailliage et siège présidial
de Beauvais : règlement pour l'ordre et la discipline de la manufacture royale de tapisserie de Beauvais (20 janvier 1783).* Paris,
Knapen et fils, s. d. [Placard].

294. *Plan d'une instruction publique et gratuite de l'art du dessein
en faveur des jeunes habitants de la ville de Beauvais.* S. l. n. d.,
(*Projet pour étendre l'utilité de l'école de dessein de la manufacture
de tapisseries*). [Placard].

295. *Liberté, Égalité. — Département de l'Oise. — District de
Beauvais. — Avis important. — Entreprise de la manufacture de
tapisseries de haute et basse-lisse et de tapis établie à Beauvais
(7 nivôse an II).* Beauvais, P. C. D. Desjardins. [Placard].

Tout citoyen solvable est invité à se présenter au district pour la direction de l'établissement.

296. *Règlement pour la manufacture royale de tapisseries de
Beauvais.* Beauvais, 1833, in-8°, 12 p. (Signé : Grau de Saint-Vincent,
administrateur).

297. DUBOS, *Notice historique sur la manufacture royale des
tapisseries de Beauvais.* Beauvais, Ach. Desjardins, 1834, in-8°.

298. SANTERRE, *Les tapisseries de Beauvais.* Clermont, 1842, in-8°.

299. [BOYER DE SAINTE-SUZANNE (Baron)], *L'atelier de tapisseries
de Beauvais.* Monaco, Imp. du Journal, 1876, in-8°.

300. GERSPACH, *La manufacture nationale de Beauvais* (*Revue des
Arts décoratifs*, avril et juin 1881, p. 513 et 538).

301. DAUMET (H.), *Rapport adressé au ministre au nom de la manufacture nationale de Beauvais.* Paris, A. Quantin, 1884, in-4°, 15 p.

302. HAVARD (Henry), *Rapport sur les tapisseries de la manufacture nationale de Beauvais exposées au Champ-de-Mars, adressé
à M. le Ministre de l'Instruction publique et des Beaux-Arts.* Paris,
Imp. nat., 1890, in-8°.

303. VAUCAIRE (Maurice), *Les tapisseries de Beauvais sur les cartons de Boucher* (*Les Arts,* août 1902, p. 10-15, 8 pl.).

3° ATELIERS DE PARIS

304. *Édit rendu à Tonnerre, le 20 avril 1542, concernant les droits sur les marchandises, tapisseries et autres.* Paris, Hamelin, 1550, in-8°.

305. DEVILLE (J.), *Recueil de documents et de statuts relatifs à la corporation des tapissiers de 1258 à 1875; Réflexions concernant cette corporation par l'auteur.* Paris, A. Chaix, [1876], in-8°, avec 1 planche en couleurs représentant les bannières des corporations.

Un article critique sur la publication de M. J. Deville, avec des extraits de divers inventaires du moyen-âge concernant les tapisseries, a paru dans la *Bibliothèque de l'École des Chartes*, XXXVII, p. 390-404, sous la signature de L. Douët d'Arcq.

306. GUIFFREY (Jules), *Nicolas Bataille, tapissier parisien du XIVᵉ siècle, auteur de la tapisserie de l'Apocalypse d'Angers.* Paris, 1877, in-8° (*Mém. de la Soc. nat. des Antiq. de France*, t. XXXVIII, p. 42-66).

307. GUIFFREY (Jules), *Nicolas Bataille, tapissier parisien du XIVᵉ siècle; sa vie, son œuvre, sa famille.* Paris, 1884, in-8°, 54 p. (Extr. des *Mém. de la Soc. de l'Hist. de Paris et de l'Ile de France*, t. X, p. 268-317).

308. GUIFFREY (Jules), *Les origines de la tapisserie de haute et basse lisse à Paris.* Paris, 1882, in-8° (Extr. des *Mém. de la Soc. de l'Hist. de Paris*, t. VIII, p. 107-124).

309. HAVARD (Henry), *Tapisseries exécutées en 1586 pour les États de Bretagne par Pierre Dumoulin, tapissier parisien, sur les dessins du peintre Robert Paigné [6 pièces aux armes de France et Bretagne]* (*Revue de l'Art français anc. et mod.*, 1885, p. 17-19, 40-42, 58-60).

310. GUIFFREY (Jules), *Brevets du sᵣ de Fourcy, intendant des tapisseries (1601), de Girard Laurent, logé sous la grande galerie (1608), et de Pierre Lefebvre, tapissier du Roi en 1648* (*Nouv. Arch. de l'Art français*, 1879, p. 240-246).

311. GUIFFREY (Jules), *Notice sur la manufacture royale de tapisseries établie au faubourg Saint-Germain par François et Raphaël de la Planche* (*Bulletin archéol. du Comité des travaux hist. et scient.*, 1885, p. 60-76).

312. GUIFFREY (Jules), *Les manufactures parisiennes de tapisseries au XVII° siècle* (*Mémoires de la Soc. de l'Histoire de Paris et de l'Ile-de-France*, XIX, 1892, p. 43-292).

313. MÜNTZ (E.), *Portrait inédit du tapissier parisien P. Fèvre, directeur au XVIII° siècle de la manufacture de tapisseries à Florence* (*L'Ami des Monuments et des Arts*, II, p. 1-4 et pl.).

314. MÜNTZ (E.), *Un tapissier parisien [P. Fèvre] à la Cour de Berlin* (*Bull. de l'Art ancien et moderne*, n°ˢ des 7 et 14 janvier 1899).

315. BRAQUEHAYE (Ch.), *L'histoire du roi Henri III, de la manufacture de tapisseries du château de Cadillac (Gironde), tissée par Claude de la Pierre, maître tapissier de Paris, de 1632 à 1637* (*Soc. des Beaux-Arts des départements*, 1886, t. X, p. 482-497).

316. *Nouveau recueil des statuts et règlemens du corps et communauté des maîtres-marchands tapissiers hautelissiers, sarrazinois, rentrayeurs, courtepointiers, couverturiers, coûtiers, sergiers de la ville, faubourgs et banlieuë de Paris; ensemble de plusieurs arrêts et sentences intervenus en conséquence et pour l'exécution d'iceux, avec une préface qui contient l'Histoire des six communautés dont ce corps a été formé, celle de leurs statuts et privilèges, et deux tables : la première qui contient l'indication de toutes les pièces par leurs dates, et la seconde, celle des matières.* Paris, de Gissey, 1756, in-4°.

317. *Sentence et arrest rendus en faveur de la communauté des maîtres et marchands tapissiers contre la communauté des marchands fripiers.* Paris, de Gissey, 1760, in-4°.

318. *Dates de décès de divers tapissiers cités dans les archives des commissaires au Châtelet [veuve Hinard, veuve Lefebvre, etc.]* (*Nouv. Arch. de l'Art français*, 1885, p. 284).

319. GUIFFREY (Jules), *Les tapisseries de la ville de Paris; leur prix, leur valeur, leur conservation* (*Courrier de l'Art*, 1883, t. III, p. 143-147, 183-184).

4° ATELIERS D'AUBUSSON, DE FELLETIN, DE BELLEGARDE ET DE LA MARCHE

320. THOMAS (Antoine), *La tapisserie à Felletin et à Riom sous Louis XI, en 1473* (*Annales du Midi*, t. VII, 1895, p. 216-219).

321. *Lettres patentes du roy Louis XIV pour le restablissement de*

*la manufacture des tapisseries en la ville d'Aubusson, en la province
de la Marche, données en l'année 1665.* S. l. n. d., in-4° de 4 p.

322. *Instruction générale donnée, de l'ordre exprès du roy, par
M. Colbert, conseiller de Sa Majesté en tous ses conseils, surintendant
de ses bâtimens, arts et manufactures de France, aux commis
envoyés dans toutes les provinces du royaume pour l'exécution des
réglemens généraux des manufactures et teintures, registrées en pré-
sence de Sa Majesté au Parlement de Paris le treiziesme aoust 1669*
Paris, François Muguet, MDCLXXXVI, gr. in-4°.

323. CHENNEVIÈRES (Philippe de), *Brevet de peintre des manufactures d'Aubusson pour Jean-Joseph Dumons (20 mars 1731)*
(*Arch. de l'Art français*, t. V, p. 377-382).

324. FAGE (René), *Jean-Joseph Dumons, peintre d'histoire à
Aubusson (1687-1779)*. Tulle, Crauffon, 1881, in-8° (Extr. du *Bull.
de la Soc. des Lettres, Sciences et Arts de la Corrèze*, III, p. 105-120).

325. *Lettres-patentes concernant la manufacture de tapisseries
d'Aubusson, données à Compiègne le 28 mai 1732.* Paris, Pierre
Simon, 1732, in-4° de 8 p.; et Imp. royale, 1733, in-4° de 12 p.
[Règlement pour Aubusson].

326. *Lettres patentes et arrêt du Conseil du Roi concernant la manufacture de tapisseries d'Aubusson.* Moulins, Vernoy fils, 1733, in-4°.

327. *Arrest du Conseil d'Estat du Roy portant règlement pour la
qualité et teinture des soyes et laines qui doivent être employées à
la fabrique des tapisseries de la manufacture royale d'Aubusson, du
31 janvier 1736.* Paris, Imp. royale, 1736, in-4° de 4 p.

328. CESSAC (P. de), *Le mobilier d'un bourgeois de Guéret en 1736.*
Châteauroux, 1886, in-8° de 16 p. (Extrait de la *Revue du Centre*).

Renseignements inédits sur les tapissiers d'Aubusson, de Felletin et de
Bellegarde. Reproduction d'un plomb de Bellegarde.

329. *Lettres patentes du Roy sur le règlement fait et arresté le
15 janvier 1737 pour la manufacture de tapisseries de Feuilletin,
données à Versailles le 29 janvier 1737, registrées au Parlement le
12 mars 1737.* Paris, Imp. royale, 1737, in-4° de 12 p.

330. *Procès-verbal de décès et d'inhumation d'Anne Coullondon,
veuve de Jacques Deschazeaur, marchand de tapisseries à Aubusson*
(*Nouv. Arch. de l'Art français*, 1884, p. 213-215).

331. *Décès de Françoise Coullondon, veuve de Jacques Jallasson, tapissier à Aubusson, le 29 novembre 1760* (*Nouv. Arch. de l'Art français*, 1884, p. 292).

332. *Arrêt du Conseil d'État du roi du 24 septembre 1770.* Moulins, C.-J. Pavy, 1770, in-4°.

Concernant les jurés-gardes de la manufacture de tapisseries de Felletin.

333. *Constatation de décès de Jean Coullondon, marchand de tapisseries d'Aubusson, 10 mai 1771* (*Nouv. Arch. de l'Art français*, 1885, p. 9-10).

334. *Scellés après décès d'Annet Delaporte, négociant à Aubusson, 19 octobre 1784* (*Nouv. Arch. de l'Art français*, 1885, p. 163-164).

335. MONTAIGLON (A. de), *Marché passé entre Mme de la Boulaye et certains fabricants de tapisseries d'Aubusson et de Felletin pour la façon d'une garniture de chambre représentant l'histoire d'Assuérus* (*Nouv. Arch. de l'Art français*, 1872, p. 191-193).

336. ROY-PIERREFITTE (Abbé J.), *Notice historique sur la manufacture de tapisseries de Felletin* (*Bulletin de la Soc. hist. et arch. du Limousin*, t. V, p. 183).

337. DUJARRIC-DESCOMBES (A.), *Les tapisseries marchoises en Périgord* (*Bull. de la Soc. hist. et arch. du Limousin*, t. XLVII, 1899, p. 101-115).

338. *Modèles de tapisseries pour les fabriques d'Aubusson, époque du second Empire.* 50 dessins originaux en un album in-fol. (*Union centrale des arts décoratifs*).

339. PÉRATHON (Cyprien), *Origines de la manufacture de tapisseries d'Aubusson* (*Congrès scientifique de France*, Limoges, 1859, p. 666-700).

340. *Manufactures de tapis et tapisseries de MM. Requillart, Roussel et Chocqueel à Tourcoing et à Aubusson* (*Grandes Usines de France*, par Turgan, p. 65-80, pl.).

341. PÉRATHON (Cyprien), *Notice sur les manufactures de tapisseries d'Aubusson, de Felletin et de Bellegarde, avec une liste des maîtres tapissiers et maîtres peintres de l'ancienne manufacture d'Aubusson.* Limoges, 1862, in-8° de 128 p. (*Extr. du Bulletin hist. et arch. du Limousin*, t. XII, p. 163-290).

342. PALUSTRE (Léon), *Les tapisseries d'Aubusson de l'hôtel de ville de Châlons-sur-Marne* [*XVIIIe siècle*] (*Bulletin monumental*, 1877, p. 784-785).

343. *Inauguration de l'école nationale d'art décoratif à Aubusson le 26 août 1884* (*Courrier de l'Art*, 1884, t. IV, p. 428-429 ; *École nationale d'art décoratif d'Aubusson ; École municipale de Felletin*, Ibid., 1886, t. VI, p. 283).

344. *Les tapisseries d'Aubusson : Déposition de M. L. Gravier, sous-préfet d'Aubusson, devant la Commission d'enquête sur les industries d'art* (*Courrier de l'Art*, 1884, t. IV, p. 301-303 — séance du 29 mai 1883).

345. GRAVIER (Léopold), *Le musée d'Aubusson : Société du musée d'Aubusson, fondée le 25 mars 1885* (*Bulletin*, n° 1, août 1885, Aubusson, Bouchardeau, in-4°, 1 pl.).

346. GRAVIER (Léopold), *Une industrie artistique au XVIIIe siècle : la tapisserie d'Aubusson, 1715-1790* (Soc. des Beaux-Arts des départements, 1886, t. X, p. 153-213).

A la fin, un état sommaire des mémoires et arrêts imprimés relatifs à cette manufacture.

347. *École d'art décoratif d'Aubusson. Distribution solennelle des prix de l'année 1886-1887, présidée par Galland, le 14 août 1887.* Aubusson, Bouchardeau, in-8° de 16 p.

348. PÉRATHON (Cyprien), *Aubusson, la Vicomté, la Ville, les tapisseries, la maison d'Aubusson.* Limoges, 1886, in-8°, pl.

349. PÉRATHON (Cyprien), *Les Finet, peintres de la manufacture de tapisserie d'Aubusson* (Soc. des Beaux-Arts des départements, 1888, t. XII, p. 151-165).

350. PÉRATHON (Cyprien), *Notes sur quelques artistes Aubusson-nais : Jean Barraband, François et Jacques Picqueaux, Nicolas-Jacques Juliard, etc.* (Soc. des Beaux-Arts des départements, 1889, t. XIII, p. 733-749).

351. PÉRATHON (Cyprien), *Les tapissiers rentrayeurs Marchois* (Soc. des Beaux-Arts des départements, 1890, t. XIV, p. 597-608).

Détails sur la réparation des tapisseries au siècle dernier.

352. Pérathon (Cyprien), *Les tapisseries de Felletin* (*Soc. des Beaux-Arts des départements*, 1892, t. XVI, p. 214-238).

Liste des tapisseries et des tapissiers de Felletin.

353. Pérathon (Cyprien), *Les tapisseries de Bellegarde* (*Soc. des Beaux-Arts des départements*, 1893, t. XVII, p. 408-419).

Liste des tapissiers.

354. Pérathon (Cyprien), *Essai de catalogue descriptif des anciennes tapisseries d'Aubusson et de Felletin*. Limoges, veuve Ducourtieux, 1894-1902, in-8°; 1re partie, p. 1-124; 2e partie, 125-200 (Extrait du *Bulletin de la Société arch. et hist. du Limousin*).

355. Pérathon (Cyprien), *Liste alphabétique des marchands et maîtres tapissiers de l'ancienne manufacture d'Aubusson* (*Soc. des Beaux-Arts des départements*, 1894, t. XVIII, p. 553-579).

356. Pérathon (Cyprien), *Les Laboreys, inspecteurs des manufactures d'Aubusson et de Felletin* (*Soc. des Beaux-Arts des départements*, 1895, t. XIX, p. 177-188).

357. Pérathon (Cyprien), *Everard Jabach, directeur de la manufacture royale de tapisseries d'Aubusson* (*Soc. des Beaux-Arts des départements*, 1897, t. XXI, p. 1063-1078).

Voir un article sur Jabach de M. le vicomte de Grouchy, dans les *Mémoires de la Société de l'histoire de Paris et de l'Ile de France* (1894).

358. Pérathon (Cyprien), *Iconographie des tapisseries d'Aubusson* (*Soc. des Beaux-Arts des départements*, 1899, t. XXIII, p. 558-588, et *Mém. de la Soc. des Sciences naturelles et arch. de la Creuse*, 2e série, t. VII, 1900, p. 389-421).

359. Pérathon (Cyprien), *Tapisseries d'Aubusson : la Vision de Constantin* (*Soc. des Beaux-Arts des départements*, 25e session, 1901, p. 100-104).

360. Fage (René), *Note sur un marché relatif à la confection de tapisseries d'Aubusson en 1695* (*Bull. arch. du Comité des travaux hist.*, 1902, p. 502-505).

Ces tapisseries étaient destinées aux Pénitents-Gris de Tulle; l'artiste se nommait Antoine Picaud.

5° ATELIERS PROVINCIAUX DE FRANCE

361. *Advis au Roy. Des moyens de bannir le luxe du Royaume ; d'establir un grand nombre de manufactures en iceluy.* 1614, in-8°.

362. MÜNTZ (E.), *Documents sur la fabrication des tapisseries dans la première moitié du XVIIe siècle en France, en Italie et dans les Flandres (Revue des Sociétés savantes,* 5° série, VIII, 1874, p. 509-520).

363. BOYER DE SAINTE-SUZANNE (Baron), *Les tapisseries françaises. Notes d'un curieux.* Paris, 1879, in-8°.

364. GUIFFREY (Jules), *La tapisserie en France et ses applications à la décoration des appartements. Conférence faite au siège de la Société centrale des Architectes, le 28 avril 1887.* Paris, Chaix, in-8° de 24 p.

Programme de réformes à apporter dans la fabrication de la tapisserie.

365. MÜNTZ (Eug.), *La tapisserie en Alsace (Revue Alsacienne,* avril 1883, p. 256-265, 1 gr.).

366. DES ROBERT (F.), *Les tapisseries du château de Bar* [dissertation sur le chardon] *(Journal de la Société d'archéologie lorraine,* 1880, p. 19 et 83).

367. GUIFFREY (Jules), *Établissement de tapissiers des Pays-Bas dans le Béarn en 1583 (Nouv. Arch. de l'Art français,* 1879, p. 232-240).

368. VAILLANT (V. J.), *La tapisserie à Boulogne-sur-Mer (Chronique des Arts,* 1881, p. 11-12).

369. LHUILLIER (Th.), *La tapisserie dans la Brie et dans le Gâtinais et en particulier à Fontainebleau, à Maincy et à Meaux, XVIe et XVIIe siècles (Soc. des Beaux-Arts des départements,* 1885, t. IX, p. 285-315).

370. CALLIER (G.), *Note sur les tapisseries de Boussac.* Guéret, 1887, in-8° de 24 p.

371. BRAQUEHAYE (Ch.), *Les architectes, sculpteurs, peintres et tapissiers du duc d'Épernon au château de Cadillac (Gironde), 1598-1632 (Soc. des Beaux-Arts des départements,* 1884, t. VIII, p. 179-198, 421-422).

372. BRAQUEHAYE (Ch.), *Les artistes employés par le duc d'Épernon*

au château de Cadillac-sur-Garonne (Gironde) : architectes, sculpteurs, peintres, tapissiers, 1599-1700 (Soc. des Beaux-Arts des départements, 1886, t. X, p. 462-497).

373. BRAQUEHAYE (Ch.), *La manufacture de tapisseries de Cadillac (Gazette des Beaux-Arts,* 1887, t. XXXVI, p. 328-340).

374. BRAQUEHAYE (Ch.), *Claude de Lapierre, maître tapissier du duc d'Épernon, fondateur des manufactures de tapisseries de Cadillac et de Bordeaux (Soc. des Beaux-Arts des départements,* 1892, t. XVI, p. 462-483).

375. *Les tapisseries des batailles de Saint-Denis et de Jarnac au musée de Cluny, en partie non exposées (Chronique des Arts,* 1898, p. 150-151).

Ces tapisseries sont attribuées à l'atelier de Cadillac.

376. DURIEUX (A.), *Les tapisseries de Cambrai.* Cambrai, 1879, in-16 de 36 p.

Cf. aussi *Sociétés des Beaux-Arts des départements,* 1879, t. III, p. 140-154.

377. COUTANT (Paul), *Contrat passé le 29 novembre 1633 par Daniel Pepersack, tapissier à Charleville, avec Henry de Lorraine, archevêque de Reims, pour l'exécution de douze pièces de tapisserie de haute lisse pour décorer le chœur de l'église Notre-Dame de Reims.* S. l. n. d. (non mis en vente).

Fac-similé exécuté d'après la minute de ce document déposé en l'étude de Mᵉ Coutant, notaire à Reims.

378. DAVILLIER (baron Charles), *Une manufacture de tapisseries de haute lisse à Gisors sous le règne de Louis XIV. Documents inédits sur cette fabrique et sur celle de Beauvais.* Paris, Aubry, 1876, pet. in-4º.

379. HOUDOY (Jules), *Les tapisseries de haute-lisse. Histoire de la fabrication lilloise du XIVᵉ au XVIIIᵉ siècle.* Paris et Lille, 1871, in-8º.

380. DARCEL (A.), *Les tapisseries de haute-lisse. Histoire de la fabrication lilloise, par M. Jules Houdoy ; compte-rendu (Gaz. des Beaux-Arts,* 1872, t. V, p. 180-185).

381. MOLINIER (Émile), *Note sur les tapisseries des ducs de Lorraine (Bull. arch. du Comité des Travaux hist.,* 1885, p. 468-476).

382. Lepage (H.), *Les tapisseries des ducs de Lorraine ; la fabrique de Lunéville*. Nancy, 1886, in-8° de 47 p. (Extrait du *Journal de la Société d'Archéologie lorraine*, octobre-novembre 1886).

383. Müntz (E.), *Notes sur l'histoire de la tapisserie* (*Chronique des Arts*, 1888, p. 19-20, 190, 205).

Page 19 : *La tapisserie en Lorraine en 1427; Monogrammes, marques et signatures.*

384. Rondot (Natalis), *Les tapissiers de Lyon au XIVᵉ et au XVᵉ siècles* (*Nouv. Arch. de l'Art français*, 1879, p. 198-199).

385. Rondot (Natalis), *La fabrique de tapisserie de haute lisse à Lyon, de 1358 à 1500* (*Revue du Lyonnais*, 4ᵉ série, IX, 1880, n° 7).

386. Grésy (Eugène), *Manufacture de tapisserie de Maincy, installée par Fouquet (1658-1662) ; noms des tapissiers de Maincy* (*Arch. de l'Art français*, t. VI, p. 14-17).

387. Carlier (J.-J.), *Notes sur les vestiges de la nationalité flamande ; tapissiers flamands à Maincy au XVIIᵉ siècle* (*Bulletin du Comité flamand de France*, t. IV, p. 169).

388. Müntz (Eug.), *Les fabriques de tapisseries de Nancy*. Nancy, 1883, in-8° de 22 p. (Extrait des *Mém. de la Soc. d'Archéologie lorraine* pour 1883).

389. Müntz (Eug.), *Les fabriques de tapisseries de Nancy ; atelier de La Malgrange* (*Chronique des Arts*, 1883, p. 105-107, 160-161).

390. *Les tapisseries de Neuilly, maison Walmez*. Paris, s. d., in-8° de 8 p.

391. Lebreton (G.) et Bonnaffé (E.), *La tapisserie à Rouen* (*Chronique des Arts*, 1880, p. 320-322 et 328).

392. Bonnaffé (E.), *Les tapis et tapisseries de Rouen, 1323 :* « *Unum tapicium de Rotomago* » (*Chronique des Arts*, 1881, p. 230).

393. Pasquier (Félix), *Tapisseries toulousaines à l'époque de la Renaissance* (*Soc. des Beaux-Arts des départements*, 1900, t. XXIV, p. 129-135).

394. Grandmaison (Ch. de), *La tapisserie à Tours en 1520* (*Soc. des Beaux-Arts des départements*, 1888, t. XII, p. 235-237).

A comparer l'ouvrage du même auteur et celui de E. Giraudet sur les artistes tourangeaux.

395. BUISART (A. M.), *Une succursale des Gobelins à Tours* (*Bull. de la Soc. Arch. de Touraine*, 1896, p. 397-402).

396. LA FONS-MELICOCQ (de), *Hauts-liceurs et tapisseries de haute-lice du XIVe, XVe et XVIe siècles mentionnées dans les archives de l'hôtel de ville de Valenciennes* (*Revue universelle des Arts*, 1860, t. X, p. 317-323).

397. MÜNTZ (E.), *La tapisserie à Vannes* (*Chronique des Arts*, 1888, p. 126).

6° ATELIERS D'ARRAS

398. VAN DRIVAL (E.), *Les tapisseries d'Arras*. Caen et Paris, 1863, in-8° de 12 p. (Extrait du *Bull. monumental*, t. XXIX, p. 490-499).

399. VAN DRIVAL (E.), *Note sur l'œuvre d'Arras et les tapisseries de soie* (*Bull. de la Soc. des Antiq. de France*, 1863, p. 100-102).

400. VAN DRIVAL (E.), *L'œuvre d'Arras ou l'Opus Atrebaticum* (*Congrès des Soc. savantes de 1861*, Paris, Imp. Impér., in-8° de 13 p.).

401. VAN DRIVAL (E.), *Les tapisseries d'Arras, étude artistique et historique*. Arras, Courtin, 1864, in-8° de 193 p. (Extrait des *Mém. de l'Acad. d'Arras*, t. XXXVI).

402. VAN DRIVAL (E.), *Des tapisseries d'Arras. Conférences faites à Arras*. Arras et Paris, 1867, in-8° de 31 p. (Extrait de la *Rev. de l'Art chrétien*).

Cf. encore *Mémoires de l'Académie d'Arras*, XXXV, p. 123-145 et 177-187.

403. VAN DRIVAL (E.), *Documents concernant les tapisseries de haute-lisse, extraits du registre aux bourgeois de la ville d'Arras* (*Rev. des Soc. savantes*, 1876, t. IV de la 6e série, p. 244-251).

404. BOYER DE SAINTE-SUZANNE (Baron), *Les tapisseries d'Arras, XIVe et XVe siècles* (*Bull. monumental*, 5e série, t. VII, 1879, p. 85-101).

405. DEHAISNES (le Chanoine), *La tapisserie de haute-lisse à Arras avant le XVe siècle, d'après des documents inédits* (*Soc. des Beaux-Arts des départements*, 1879, t. III, p. 125-139).

406. Le Gentil (Constant), *Tapisseries et peintures décoratives à Arras*. Arras, Rohard-Courtin, 1879, in-8° de 33 p. (Extrait des *Mém. de l'Acad. d'Arras*, 2ᵉ série, t. XI).

407. Van Drival (E.), *Les tapisseries d'Arras. Étude artistique et historique*, 2ᵉ édit. (du n° 401). Paris, 1879, in-8° de IV-196 p.

408. Soil (Eugène), *Tapisseries du quinzième siècle conservées à la cathédrale de Tournai; leur fabrication à Arras en 1402* (14 planches lithographiées par Ch. Vasseur). Tournay, Vasseur ; Lille, Quarré, 1883, in-4°.

409. Van Drival (E.), *Des tapisseries de haute-lisse à Arras après Louis XI ; question historique*. Arras, 1884, in-8° de 19 p.

410. Loriquet (Henri), *Notes sur les tentures de haute lisse possédées par l'abbaye de Saint-Waast*. Arras, de Sède, 1884, in-8° de 13 p. (Extrait du *Bull. de la Comm. des Antiq. départem. du Pas-de-Calais*, t. V).

411. Guesnon (A.), *Décadence de la tapisserie à Arras depuis la seconde moitié du XVᵉ siècle (lettre à M. Loriquet, archiviste)*. Lille, 1884, in-8° de 36 p.

412. Van Drival (E.), *Question des tapisseries d'Arras, réponse à M. A. Guesnon*. Arras, De Sède, [1884], in-8° de 12 p.

413. Guesnon (A.), *Réplique à l'auteur des tapisseries d'Arras, au sujet de sa dernière brochure*. Lille, 1884, in-8° de 36 p.

414. Müntz (Eug.), *Les tapisseries d'Arras à la fin du XIVᵉ siècle et au commencement du XVᵉ [tapisseries vendues au Pape en 1391 et en 1405]* (*Courrier de l'Art*, 1886, t. VI, p. 11, et *Archives des Arts*, p. 14).

415. Loriquet (Henri), *Réponse à une note de M. Ad. Guesnon sur les tapisseries d'Arras*. Arras, 1893, in-4° (Extrait du *Bull. de la Comm. départ. des Monuments hist. du Pas-de-Calais*, t. I, p. 307-318).

7° Ateliers Flamands

416. Pinchart (Alex.), *Rapport sur l'histoire de la tapisserie de haute-lisse dans les Pays-Bas* (*Bull. de l'Acad. royale des Sciences. Lettres et Arts de Belgique*, 1859, p. 14).

417. Fétis (Ed.), *Rapport sur un mémoire présenté au concours de 1859 et relatif à l'histoire de la tapisserie de haute-lisse dans les Pays-Bas*. Bruxelles, Académie royale de Belgique, 1859, in-8° (Extrait des *Bulletins*, 2ᵉ série, t. VIII, nᵒˢ 9 et 10).

Le mémoire était de M. Pinchart.

418. Pinchart (Al.), *Tapissiers et tapisseries de haute-lisse : modèles faits par le peintre Jean Van Oort en 1629, etc., tapisseries de Bruges* (*Archives des Arts, Sciences et Lettres*, 1860, t. 1, p. 20-24).

419. Baschet (Armand), *Négociation d'œuvres de tapisserie de Flandre et de France par le nonce Guido Bentivoglio pour le cardinal Borghèse (1610-1621); lettres et documents pour la plupart inédits* (*Gaz. des Beaux-Arts*, 1861, t. XI, p. 406-415, et 1862, t. XII, p. 32).

Histoire de Samson en 12 pièces; Actes des Apôtres; Tapisserie du comte de Saint-Paul.

420. Massillon-Rouvet, *Une tapisserie flamande du XVIᵉ siècle* (*Soc. des Beaux-Arts des départements*, 1893, p. 559-562).

La tapisserie représente la naissance d'Œdipe.

421. Beaumont (Comte Ch. de), *Une tapisserie flamande du XVIᵉ siècle* (*Soc. des Beaux-Arts des départements*, 1895, p. 409-415, 1 pl. et marques).

422. De Marsy (Comte), *Notes sur différentes tapisseries flamandes [ayant appartenu à Louvois, existant à Riom, à Orléans, à Caen, à Reims]* (*Annales de la Soc. Arch. de Bruxelles*, 1896, t. X, p. 216-224).

423. Van de Casteele (Désiré), *Documents concernant la corporation des tapissiers d'Alost*. Bruges, imp. de Zuttere, 1873, in-8° de 52 p. (Extrait des *Annales de la Soc. d'Émul. de Bruges*, 3ᵉ série, t. VIII).

424. Mazerolle (F.) et Donnet (F.), *Le sac du « Tapitsiers » d'Anvers en 1576* (*Chronique des Arts*, 1894, p. 292-293).

Voir dans les *Annales de la Société d'Archéologie de Bruxelles*, 1891, liv. 4, l'article de M. Donnet.

425. Siret (Ch.) et Génard (P.), *Notices sur les riches tapisseries flamandes provenant de l'hôtel Van Susteren-du-Bois, d'Anvers, suivi d'un appendice aux notices de MM. Siret et Génard sur les tapisseries flamandes... dont la vente publique aura lieu lundi 18 janvier 1875, à Anvers*. Louvain, 1875, in-8°, phot.

426. Rooses (Max.) et Ter Bruggen (Ed.), *Appendice aux notices de MM. Siret et Génard sur les tapisseries de l'hôtel Van Susteren-du-Bois, d'Anvers.* S. l. n. d., in-8°.

427. Van Cauwenberghe, *Quelques recherches sur les anciennes manufactures de tapisseries à Audenarde.* Anvers, S. Buchman, 1856, in-8° de 71 p. (Extrait des *Annales de l'Acad. d'Arch. de Belgique*).

428. *Notice sur les tapisseries appartenant autrefois à l'église de Saint-Pierre de Gand, exécutées au commencement du XVI° siècle à Audenarde, sur les dessins de Raphaël.* Gand, 1821, in-4° de 8 p.

429. Saint-Genois (J. de), *Les dernières tapisseries des fabriques d'Audenarde (Annales de l'Acad. d'Arch. de Belgique*, t. III).

430. La Fons-Melicocq (de), *Tapisseries historiques fournies à la ville de Valenciennes par les haut-liceurs d'Audenarde (Revue universelle des Arts*, 1862, t. XVI p. 208-210).

431. Van der Straeten (Ed.), *Les tapisseries de l'ancien hôtel d'Escornaix, à Audenarde* (Extrait des *Annales de l'Acad. d'Arch. de Belgique*, t. XVII, in-8°, 7 p.).

432. Van de Velde (J.) et Van der Meersch (J.), *Histoire de l'origine, du progrès, de la splendeur et de la décadence des manufactures de tapisseries de la ville d'Audenarde (La Flandre ; Revue des Monuments d'histoire et d'antiquités*, 1884, p. 5-30, 77-118, 180-212, 300-340).

433. Soil (Eug.), *Documents relatifs à des tapissiers d'Audenarde, Bruxelles, etc.* Bruxelles, 1894, in-8° de 22 p. (Extrait des *Annales de la Soc. d'arch. de Bruxelles*, t. VIII, p. 299-314).

434. Pinchart (A.), *Tapisseries offertes par la ville de Bois-le-Duc à Frédéric-Henri, prince d'Orange (Archives des Arts*, 1860, t. I, p. 23).

435. Pinchart (A.), *Cartes des Pays-Bas exécutées en tapisseries au XVI° siècle pour le duc de Savoie (Archives des Arts*, 1863, t. II, p. 315).

436. Pinchart (A.), *Tapisseries achetées par Maximilien et Marie de Bourgogne à Bruges et envoyées en Angleterre (Archives des Arts*, 1860, t. I, p. 20).

437. Lenoir (Alexandre), *Description d'une tapisserie rare et*

curieuse, faite à Bruges, représentant sous des formes allégoriques le mariage du roi de France Charles VIII avec la princesse Anne de Bretagne. Paris, Hacquart, 1819, in-8°, fig.

438. PINCHART (A.), *Tapisseries de haute lisse de Bruxelles, de Saint-Trond, etc., confisquées sur le comte d'Egmont et sur le marquis de Berghes (Archives des Arts,* 1860, t. I, p. 21).

439. PINCHART (A.), *Notice sur deux tapisseries de hautelisse du XVIᵉ siècle, conservées au Musée royal d'antiquités à Bruxelles.* Bruxelles, 1865, in-8°, pl. (Extrait du *Bulletin des Commissions d'art et d'archéologie,* t. IV).

440. HOUDOY (J.), *Les tapisseries de Charles-Quint représentant la conqueste du royaulme de Thunes par l'Empereur Charles-Quint; histoire et documents inédits.* Lille, Danel, 1873, in-8° de 34 p.

441. PINCHART (A.), *Les tapisseries représentant l'histoire de la conquête de Tunis (L'Art,* 1875, t. III, p. 418-422, 1 pl.).

442. MORELLI (Marie), *Gli arazzi illustranti la battaglia di Pavia conservati nel Museo nazionale di Napoli.* Napoli, 1899, in-4°, 14 pl.

Tapisseries tissées à Bruxelles.

443. WAUTERS (Alphonse), *Les tapisseries bruxelloises; Essai historique sur les tapisseries et les tapissiers de haute et de basse lisse de Bruxelles.* Bruxelles, 1878, in-8° de 476 p.

444. WAUTERS (Alphonse), *Les tapisseries de Bruxelles et leurs marques (L'Art,* 1881, t. III, p. 241-245, et t. IV, p. 25-35, 108-110, 221-225, 241-244, 9 pl.).

5 planches de l'*Histoire de Vulcain* et nombreuses marques de tapissiers de Bruxelles.

445. DONNET (Fernand), *Les tapisseries de Bruxelles, Enghien et Audenarde pendant la furie espagnole (1576).* Bruxelles, Alf. Vromant, 1894, in-8° (Extrait des *Annales de la Soc. d'Arch. de Bruxelles,* 1894, t. VIII, p. 442-476).

446. DONNET (Fernand), *Documents pour servir à l'histoire des ateliers de tapisserie de Bruxelles, Audenarde, Anvers, etc., jusqu'à la fin du XVIIᵉ siècle.* Bruxelles, 1898, in-8° (Extrait des *Annales de la Soc. d'Arch. de Bruxelles,* 1896-1898, t. X, p. 269-336, t. XI, p. 48-84, 354-369, t. XII, p. 44-56, 220-233).

447. Donnet (Fernand), *Note sur quelques achats de tapisseries de Bruxelles au XVII⁰ siècle*. Bruxelles, Alf. Vromant, 1895, in-8° (Extrait des *Annales de la Soc. d'Arch. de Bruxelles*, 1895, t. IX, p. 117-121).

448. Beaumont (Ch. de), *Une tapisserie bruxelloise du XVI⁰ siècle* (*Soc. des Beaux-Arts des départements*, 1897, t. XXI, p. 115-121, pl.).

La tapisserie représente une marine avec personnages et poissons au premier plan.

449. Cumont (G.), *Ordonnances concernant les tapisseries de Bruxelles au XVIII⁰ siècle* (*Annales de la Soc. d'Arch. de Bruxelles*, 1898, t. XII, p. 471-473).

450. Dehaisnes (le chanoine C.), *Documents inédits concernant les tapissiers de Bruxelles au XV⁰ et au commencement du XVI⁰ siècle*. Bruxelles, 1882, in-8° (Extrait du *Bull. des Commissions royales d'art et d'archéologie*).

451. Matthieu (Ern.), *Les tapissiers hautelisseurs d'Enghien à l'étranger* (*Annales du Cercle archéologique d'Enghien*, t. IV, p. 138).

452. Destrée (Joseph), *L'industrie de la tapisserie à Enghien et dans la seigneurie de ce nom*. Enghien, 1900, in-8° de 52 p., 3 pl. et marques (Extrait du *Bull. de la Fédération archéologique et historique de la Belgique*, 1900, n° 2).

453. *Notice sur la manufacture d'Ingelmunster (Flandre), à l'occasion de l'exposition universelle de 1878*. Alcan-Lévy, in-4° de 2 p.

454. Van de Casteele (D.), *Lettre de Charles Van Hulthem sur les anciennes tapisseries, adressée au duc Bernard de Saxe-Weimar, suivie d'un mot relatif aux tapisseries de cuir doré à Liège*. Liège, Vaillant-Carmanne, 1873, in-8° de 10 p. (Extrait du *Bull. de l'Institut archéologique liégeois*, t. XI).

455. Wittert (Baron Adrien), *Les tapisseries de Liège à Madrid; notes sur l'Apocalypse d'Albert Durer ou de Roger Van der Weyden*. Liège, Gothier, 1876, in-8° de 266 p.

456. Pinchart (A.), *La fabrication de la tapisserie de haute lisse à Middelbourg, en Flandre*. Bruges, 1883, in-8°.

457. Voisin (Ch. J.), *Le plus ancien règlement concernant la corporation des hautelissiers de la ville de Tournai*. Tournai, Melo et Levasseur, 1864, p. 8-16 (Extrait du *Bull. de la Soc. hist. et litt. de Tournai*, t. X).

458. Van de Graft (J.), *Tapijtfabrieken der XVIe en XVIIe eeuw* *(Vergaderzaal der Provinciale Staten van Zeeland)*. Middelburg, 1869, in-8° et 7 pl.

459. Voisin (Ch. J.), *Notice sur les anciennes tapisseries de la cathédrale de Tournai et sur les corporations des haut-lisseurs de cette ville*. Tournai, 1863, in-8° de 67 p. (Extrait du *Bull. de la Soc. hist. et litt. de Tournai*, t. IX, p. 213-281).

460. Soil (Eug.), *Notice sur les anciennes tapisseries de Tournai* (*Congrès archéol. de France,* 1880, Arras, 47° session, p. 496-508).

461. Soil (Eugène), *Les tapisseries de Tournai ; les tapissiers et les hautelisseurs de cette ville*. Tournai, 1892, in-8° de 460 p.

462. Müntz (Eug.), *Les tapisseries flamandes, marques et mono-grammes ; marques des tapisseries de Madrid ; Jean Baudouin, auteur des Fructus Belli* (*Rev. de l'Art anc. et mod.,* 1901, t. X, p. 201-204).

8° Ateliers Italiens

463. Müntz (Eug.), *Notices sur les manufactures italiennes de tapisseries du XVe et du XVIe siècles*. Paris, 1876, in-8° (Extrait du *Bull. de l'Union centrale*).

464. Müntz (Eug.), *Prêt de tapisseries par le pape Paul II au roi de Sicile en 1465* (*Chronique des Arts,* 1876, p. 369-370).

465. Bottrigari (Enrico), *Delle antiche Tappezzerie che erano in Bologna*. Modena, 1883, in-8° de 28 p.

Mention d'un certain Petrus Petri Setta e Mezo, de Brescia, qui établit un atelier à Bologne en 1460 et à qui furent accordés certains privilèges.

466. Giordani, *Cenni descrittivi sopra Arazzi coloriti per tappez-zeria,con argomenti tratti dalla Illiade di Omero in Bologna*. Bologna, 1867, in-8°.

467. Bigi (Quirino), *Degli Arazzieri e ricamatori di Correggio*. Correggio, 1878, in-8°.

468. Campori (G.), *L'arazzeria Estense, cenni storici*. Modena, 1876, in-8° de 128 p.

469. Müntz (Eug.), *La fabrique de tapisseries de Ferrare* (*Chronique des Arts,* 1877, p. 112-114 et 139).

470. Conti (Cosimo), *Ricerche storiche sull'arte degli Arazzi in Firenze*. Firenze, 1875, in-8° de 113 p.

471. Müntz (Eug.), *La fabrication des tapisseries à Florence* [à propos de l'ouvrage de C. Conti et additions] (*Chronique des Arts*, 1875, p. 341, 348-349, 356-357, 363-364).

472. Müntz (E.), *La tapisserie florentine aux XVe et XVIe siècles* (*Chronique des Arts*, 1876, p. 214-216).

473. Leroi (Paul), *La réorganisation des musées de Florence : Reale Galleria degli Arazzi* [1 pl. des Fêtes de Henri III] (*L'Art*, 1885, t. II, p. 245).

474. Gerspach, *Les manufactures d'art des Médicis* [tapisseries] (*Magasin pittoresque*, 1901, p. 609-613 et 650-652, 2 pl. dont le portrait de Pierre Fèvre).

475. Braghirolli (G.), *Sulle manifatture di Arazzi in Mantova; notizie storiche*. Mantova, 1879, in-8°.

476. Müntz (Eug.), *L'atelier de tapisseries de Mantoue* (*Chronique des Arts*, 1879, p. 161-162, 217-218).

477. Müntz (Eug.), *L'atelier de tapisseries de Milan au XVe siècle* (*Courrier de l'Art*, 1883, t. III, p. 249-252, et *Archives des arts*, 1890, p. 45-52).

478. Riccio (C. M.), *La real Fabrica degli Arazzi nella città di Napoli dal 1738 al 1799*. Napoli, 1879, in-8°.

479. Müntz (E.), *L'atelier de tapisseries du cardinal François Barberini à Rome* (*Chronique des Arts*, 1876, p. 229-230).

480. Gentili (Pietro), *Sulla manifattura degli Arazzi, cenni storici raccolti e publiccati dall' Arazziere...* Roma, Santini, 1874, in-8°, 109 p., 2 pl.

481. Müntz (Eug.), *Sulla manifattura degli Arazzi del Cav. Pietro Gentili, romano*. Nogent-le-Rotrou, 1875, in-12 (Extrait de la *Rev. critique d'Hist. et de Litt.*, 1875, n° 45).

482. Darcel (A.), *Les fabriques italiennes de tapisseries* [Analyse de l'ouvrage de Pietro Gentili] (*Chronique des Arts*, 1875, p. 17-18, 30-31, marques).

483. Müntz (Eug.), *La tapisserie à Rome au XVe siècle* [Documents] (*Gaz. des Beaux-Arts*, 1876, t. XIV, p. 173-180).

4

484. Barbier de Montault (X.), *Inventaire des tapisseries de haute lisse conservées à Rome (Mémoires de l'Académie des sciences, lettres et arts d'Arras,* 1878, t. X, p. 175, pl.).

485. Leroi (Paul), *Italia fara da se. Détails sur les tapisseries des palais italiens et sur la fabrique de Turin dirigée par A. Bruno, 1792-1802.* 2 pl. : Bacchus et Ariane, Don Quichotte (*L'Art,* 1875, t. III, p. 234-235).

486. Müntz (Eug.), *La manufacture (de tapisseries) de Turin, documents nouveaux (Chronique des Arts,* 1877, p. 385-386 ; 1879, p. 328-329).

487. Müntz (Eug.), *L'atelier des tapisseries d'Urbin au XVe siècle [créé par Frédéric de Montefeltro],* pl. (*Courrier de l'Art,* t. II, 1882, p. 592-593, et *Archives des Arts,* 1890, p. 42-44).

488. Gerspach, *La manufacture de tapisseries du Vatican [atelier moderne] (Rev. de l'Art chrétien,* 1897, p. 498-499).

489. Delfino, *Succincte description des tapisseries appartenant à la très illustre maison Delfino, à Venise.* Vérone, 1876, in-8° de 13 p.

490. Urbani de Gheltof (G. M.), *Degli Arazzi in Venezia con note sui tessuti artistici veneziani.* Venezia, 1878, in-4° de 140 p., 3 pl.

491. Pazini (A.), *Il Tesoro di San Marco in Venezia (Tapisseries).* Venezia, 1885, in-4°.

492. Rivoli (Duc de) et Frimmel (Th.), *Les triomphes de Pétrarque peints par Bonifazio [à Vienne, à Weimar et à Richmond —, les triomphes de la Renommée, de l'Amour, de la Chasteté et de la Divinité ont été copiés en tapisserie] (Chronique des Arts,* 1886, p. 246-247 et 277, et 1890, p. 124).

9° Tapisseries de Raphaël

493. De Rossi (Giacomo), *Les tapisseries du Pape, dessinées d'après Raphaël par Antonio Lafreri.* Rome, 1655, pet. in-fol., 5 pl. (sans titre ni texte).

494. *Leonis X admirandæ virtutis imagines a Raphaele Urbinatis expressæ in aulis Vaticanis. Bartolus del., de Rubeis inc.* Romæ, s. d., in-fol. obl., 14 pl.

495. Sommereau (L.), *Les célèbres tapisseries de Raphaël d'Urbin, connues sous le nom d'Arazzi, qui sont au Vatican, gravées par L. Sommereau.* Rome, 1780, 21 pl. in-fol. obl.

496. *Exhibition of the Arras or Tapestry, for which Raffaello di Urbino designed the Cartoons.* London, 1824, in-8°.

497. Gunn (W.), *Cartonensia, or and historical ad critical account of the tapestries in the palace of the Vatican.* London, 1831. [2ᵉ édit., 1832].

498. Trull (W.), *Raphael vindicated by a comparison between the original Tapestries (new in London) of Leo X, and the Cartoons at Hampton Court, with remarks upon the whole series.* London, 1840, in-8°.

499. Pierret (Abbé Th.), *Les tapisseries des Gobelins d'après Raphaël, données par le gouvernement en 1848 à la cathédrale de Reims* (*Travaux de l'Académie nationale de Reims*, 1848, t. IX, p. 88)

500. Barbier de Montault (X.), *Rome chrétienne, tapisseries du Vatican* (*Annales archéol.*, 1855, t. XV, p. 232-296).

501. Hubner (Julien), *Qui a colorié les cartons de Raphaël pour les fameuses tapisseries ?* Dresde, 1865, in-8°.

502. *Peintures al sugo d'erba représentant des sujets composés par Raphaël pour les tapisseries de la chapelle Sixtine.* Paris, 1865, in-24.

503. Barbier de Montault (X.), *La bibliothèque Vaticane et ses annexes (tapisseries de la bibliothèque du Vatican).* Rome, 1867, in-12.

504. Paliard (Commandant), *Le couronnement de la sainte Vierge, d'après un carton de Raphaël; tapisserie retrouvée au Vatican.* Paris, J. Claye, 1873, in-4° (Extrait de la *Gaz. des Beaux-Arts*, 1873, t. II, p. 82).

505. Bauer (Frantz), *Tapisseries du XVIIIᵉ siècle exécutées d'après les cartons de Raphaël par Jean Raes, de Bruxelles, précédées d'une notice par Edmond About.* Paris, 1875, in-8° de 28 p.

506. Müntz (Eug.), *Les tapisseries de Raphaël au Vatican* (*Chronique des Arts*, 1876, p. 246-247, 254-255, 262, 268-270, 277-278).

507. Koch (L.), *Rafaels Tapeten.* Wien, 1878, in-fol.

508. Müntz (Eug.), *Nouvelles recherches sur les tapisseries de Raphaël* (*Chronique des Arts*, 1879, p. 288).

509. Massi (H.), *Description of the Museums in the Vatican Palace.* Roma, 1882, in-8°, 2ᵉ édit. (*Gallery of tapestries*, p. 118).

510. Darcel (A.), *La tenture des Actes des Apôtres de Mortlake* (*Chronique des Arts*, 1883, p. 307-308, 316).

Réfutation de l'opinion de Mme Sabine Mea qui conteste l'attribution à l'atelier de Mortlake des Actes des Apôtres.

511. Champeaux (A. de), *La tenture des Actes des Apôtres ; liste des pièces détruites* (*Chronique des Arts*, 1883, p. 331-333).

Note sur la destruction des plus belles séries des tapisseries de la Couronne en 1797, avec documents à l'appui.

512. Farabulini (D.), *L'arte degli Arazzi et la nuova Galleria dei Gobelins al Vaticano.* Roma, 1884, in-8°.

513. Müntz (Eug.), *Une tapisserie d'après les esquisses de Raphaël* [*Annonciation et Adoration des Mages*] (*Courrier de l'Art*, 1886, t. VI, p. 10, et *Archives des Arts*, 1890, p. 75).

514. Guiffrey (J.), *Tapisseries d'après Raphaël exécutées aux Gobelins et à Beauvais, à propos du travail de M. Lhuillier sur les tableaux de Meaux* (*Rev. de l'Art français ancien et moderne*, 1888, p. 323-326).

515. Müntz (Eugène), *Les bordures des tapisseries de Raphaël* (*L'Art*, 1890, t. 1, p. 3-7, 9 pl.).

516. Swarte (Victor de), *Les tapisseries flamandes du Vatican et es cartons de Raphaël à propos des peintures de la collection Loukhmanoff, exposées au palais du Louvre.* Paris, in-4° (Extrait de *La Grande Revue*, 1891).

517. Schevyreff (Professeur), *Notes historiques sur les cartons de Raphaël (exposés dans la salle du Manège au Louvre le 22 mars 1891).* Paris, P. Dupont, 1891, in-8° de 15 p.

Notes de M. Gerspach sur l'authenticité de ces cartons dans l'exemplaire de ce travail à la bibliothèque des Gobelins.

518. Müntz (Eug.), *Les tapisseries de Raphaël au Vatican et dans les principaux musées et collections de l'Europe, étude historique et critique accompagnée de 9 eaux-fortes ou planches sur cuivre et de 125 illustrations, reproduites directement d'après les dessins, cartons ou tentures de haute lisse.* Paris, 1897, in-fol.

Compte-rendu dans la *Gazette des Beaux-Arts*, 1896, t. XVI, p. 514-518.

519. GERSPACH, *Les Actes des Apôtres, tapisseries d'après Raphaël* [*et diverses tapisseries bruxelloises du musée de Florence*] (*Rev. de l'Art chrétien* (1901), t. XII, p. 91-123, 14 pl.).

10° ATELIERS ALLEMANDS, ANGLAIS, ESPAGNOLS, RUSSES

520. *Gewirkte Teppiche des Herzogs Johann Fr. von Sachsen, 1566* (*Anzeiger für Kunde der deutschen Vorzeit*, 1837, col. 363).

521. FALKE (J.), *Ein culturhistorisch merkwürdiger Teppich im Germanischen Museum* (*Anzeiger für Kunde der deutschen Vorzeit*, 1857, col. 324).

522. EYE (A. von), *Ein burgundischer Teppich vom Ende des fünfzehnten Iahrhunderts* (*Anzeiger für Kunde der deutschen Vorzeit*, 1869, col. 257).

523. EYE (A. von), *Ein Teppich mit Darstellungen aus der Geschichte Tristans und Isoldens* (*Anzeiger für Kunde der deutschen Vorzeit*, 1866, col. 14).

524. ESSENWEIN (A.), *Ueber einen Wollteppich in der Sammlung der Gewebe im Germanischen Museum* (*Anzeiger für Kunde der deutschen Vorzeit*, 1870, col. 33).

525. ZAHN (A. von), *Altdeutscher Teppich auf der Wartburg in Weimar* (*Anzeiger für Kunde der deutschen Vorzeit*, 1870, col. 91).

526. ANKERSHOFEN (G. von), *Symbolische Darstellungen des gewirkten Teppichs im Schlosse Strassburgs* (*Mittheil. der K. K. Central-Commission zur Erforschung und Erhaltung der Baudenkmale*, V, 1860, p. 272).

Il s'agit ici d'un château de Carinthie. Cf. un autre article de A. Ilg dans la même revue, XVII, 1872, p. 40 (pl.).

527. SPRINGER (A.), *Teppichmuster als Bildmotive* (*Mittheil. der K. K. Central-Commission zur Erforschung und Erhaltung der Baudenkmale*, V, 1860, p. 67).

528. WEININGER (H.), *Die mittelalterlichen Teppiche im Rathhause zu Regensburg* (*Mittheil. der K. K. Central-Commission zur Erforschung und Erhaltung der Baudenkmale*, VIII, 1863, p. 57).

529. MERKLAS (W.), *Der alte Teppich in der St Jakobskirche zu Leutschau* (*Mittheil. der K. K. Central-Commission zur Erforschung und Erhaltung der Baudenkmale*, VIII, 1863, p. 290).

530. VAN DE CASTEELE (D.), *Lettre de Charles van Hulthem sur les anciennes tapisseries, adressée au duc Bernard de Saxe-Weimar.* Liège, 1873, in-8° de 10 p. (Extrait du *Bulletin de l'Institut archéologique Liégeois*, XI).

531. LEHNER (F. A), *Fürst. Hohenzollern'scher Museum zu Sigmaringen ; Verzeichnis der Textilarbeiten.* Sigmaringen, 1874, in-12 de 24 p.

532. HEINE (M.) und BUBECK (W.), *Kunst im Hause ; Abbildungen von Gegenständen aus der mittelalterlichen Sammlung zu Basel, herausgegeben und mit einer Einleitung versehen von Prof. Moritz Heine, gezeichnet von W. Bubeck, architect.* Basel, Detloff's Buch Handlung, [1880], in-fol.

Reproductions de tapisseries et de broderies du xv⁵ siècle, notamment de la tenture des Preux.

533. MÜNTZ (Eug.), *Recherches sur l'histoire de la tapisserie en Allemagne d'après des documents inédits* (réimprimé dans l'*Histoire générale de la tapisserie*) ; *le Moyen-âge, la Renaissance, Ateliers de Lauingen et de Munich* (*L'Art*, 1882, t. II, p. 194-200, et t. III, p. 59-60, 98-99, 179-180, 8 pl.).

534. MÜNTZ (Eug.), *Un tapissier français [Pierre Mercier] à la cour de Berlin, 1686-1700, puis à Dresde* (*Bulletin de l'art ancien et moderne*, 1899, p. 11 et 21).

535. MÜNTZ (Eug.), *La tapisserie en Autriche, à Dresde, à Berlin* (*Chronique des Arts*, 1888, p. 126, 150).

536. MÜNTZ (Eug.), *Projet d'établissement d'un atelier à Dresde* (*Chronique des Arts*, 1884, p. 113-114).

537. LUBÓCZI (Z.), *Elsö Mátyás Király trónszönyegi* [*Tapis du trône du roi Mathias Corvin*] (*Archaologiæi Ertesitö*, 1887, pl.).

538. SOIL (E.), *Tapisseries conservées à Quedlinbourg, Halberstadt et quelques autres villes du nord de l'Allemagne.* Bruges, 1889, in-4° (Extrait du *XXII° Bulletin de la Gilde de Saint-Thomas et Saint-Luc*).

539. KUMSCH (E.), *Ein Wandteppich des 17 Jahrhunderts von Cornelius Schut.* Dresden, Stengel, 1887, in-4° de 16 p., 4 pl.

540. Lessing (D¹ Julius), *Die Wandteppiche aus dem Leben des Erzvaters Jacob*. Dresden, 1900, in-fol., 15 pl.

541. Mayer (D¹ Manfred), *Geschichte der Wandteppich-fabriken (hautelisse-manufacturen) des Wittelsbachischen Fürstenhauses in Bayern, mit einer Geschichte des Wandteppichverfertigung als Einleitung*. Munchen und Leipzig, Hirth, 1892, in-4", 139 p. et 21 pl.

542. Lessing (D¹ Julius), *Wandteppiche und Decken des Mittelalters in Deutschland*. Berlin, E. Wasmuth, 1900 et ss., in-fol., planches en couleur.

Reproduction des tentures de Quedlinbourg et de Halberstadt. Trois livraisons ont paru jusqu'ici.

543. Müntz (E.), *A. Pirot et l'atelier de tapisseries de Würzbourg* (*Chronique des Arts*, 1892, p. 244-246).

544. Pine (John), *The tapestry hangings of the House of Lords, representing the several engagements between the English and Spanish fleets in 1588*. London, 1739, in-fol., fig. et cartes.

545. *Fulham manufactory; catalogue of Tapestry*. S. l., 1755, in-4°.

546. Longstaffe (W. H. D.), *Tapestry in Appleby Castle*. Newcastle-upon-Tyne, 1876, in-8° (*Archæologia Æliana*, new series, vol. VII, p. 205).

547. *New Description of Blenheim, the Seat of the Duke of Marlborough : Account of the Paintings, Tapestry, etc*. 5ᵉ édit., Oxford, 1768, in-12 ; 6ᵉ édit., Oxford, 1803, in-8°.

548. Bouet (J.) and Dickson (J.), *Tapestries in the Senate Chamber at Durham Castle*. London, s. d., in-fol.

549. Graves (J.), *Ancient tapestry of Kilkenny Castle*. Dublin, 1855, in-8° (*Kilkenny Archæol. Soc. Journal*, vol. II, 1852-1853, p. 3).

550. French (G. R.), *Description of the Plate and Tapestry of the Vintner's Company*. London, 1870, in-8° (*London and Middlesex Archæol. Soc.*, vol. III, p. 472).

551. Poole and Taunton, *Coventry : Its History and antiquities : Ancient tapestry in Sᵗ Mary's Hall* (p. 119). London, 1870, in-4°.

552. Montaiglon (A. de), *Une manufacture de tapisseries des Gobelins à Fulham et à Exeter* (*Bull. de la Soc. de l'Hist. de l'Art français*, 1877, p. 95-99, 125-126).

553. Darcel (A.), *Une manufacture de tapisseries des Gobelins à Fulham et à Exeter, 1748-1766* (*Nouv. Arch. de l'Art français*, 1878, p. 286-314).

554. Day (L.-F.), *Tapestry Painting and its application*. London, 1880, in-16.

555. *Masterpieces of tapestry*. London, 1881, in-4° (*Art and Letters*, vol. I, p. 194, 215, 260).

556. Lewis (G. B.), *The tapestry scenes from the Passion of Christ in Knole Chapel (Kent)*. London, 1882, in-8° (*British Archæol. Assoc. Journal*, vol. XXXVIII, p. 216).

557. Un Anglais, *Les tapisseries de Windsor* (*Le Figaro*, 4 juillet 1883).

558. Müntz (Eug.), *La tapisserie en Angleterre* (*Gaz. des Beaux-Arts*, 1884, t. XXX, p. 171-182, 2 pl. : Reproduit dans l'*Histoire générale de la Tapisserie*).

559. Müntz (Eug.), *Les tapisseries de Westminster sous Henri VIII* (*Courrier de l'Art*, 1886, t. VI, p. 297, et *Archives des Arts*, 1890, p. 55-67).

560. Wallance (Aymer), *William Morris, his art, his writings, and his public life*. London, 1897, in-8°.
Reproductions de compositions de Burne Jones.

561. A. V. de P., *Deux tapisseries du XVI° siècle en Angleterre, l'une représentant une flotte, l'autre Auguste, la Sybille Tiburtine et l'Histoire d'Esther, exposées dans les musées de Londres* (*Rev. de l'Art chrétien*, 1902, 6ᵉ liv., p. 493-494).

562. Dorregaray (J. G.), *Tapiz flamenco del Museo arqueologico Nacional* (*Museo Español de Antigüedades*, vol. VII, p. 47).

563. Davillier (Baron Ch.), *L'Espagne*. Paris, 1874, in-4° (*Tapisseries*, p. 747).

564. Riano (J. F.), *Report on a photographs of a selection of tapestries at the Royal Palace of Madrid*. London, 1875, in-8° de 8 p.

565. *Tapisseries du palais de Madrid*, 131 phot. (*Bibl. de l'École des Beaux-Arts*, 989 Dˢ).

566. DESTRÉE (J.), *Étude sur les tapisseries exposées à Paris en 1900 au petit Palais et au pavillon d'Espagne* (*Annales de la Société d'archéologie de Bruxelles*, 1903, p. 5-62 et pl.).

567. *Industrial Arts in Spain* (*Tapisserie*, p. 266); *South Kensington Museum; Art Handbooks*. London, 1879, in-8°.

568. *Descripcion de las tapices de Rubens que se colocan en el claustro del Monasterio de las señoras religiosas descalzas reales.* Madrid, 1881, in-8°.

569. MADRAZO (Pedro de), *Tapiceria llamada del Apocalypsi (Propriedad de la corona real de España), obra flamenca del siglo XVI*. S. l. n. d., in-fol., 137 p. de texte et 8 pl. lithog.

570. *État des ouvriers se rendant à Saint-Pétersbourg (en 1718) comprenant les tapissiers Behagle père et fils et un teinturier* (*Nouv. Arch. de l'Art français*, 1872, p. 18).

571. VEUCLIN (V. E.), *Les tapissiers français en Russie*. Pont-Audemer, Legrand, 1896, in-8° de 16 p.

572. BÖTTIGER (Dr J.), *Svenska Statens Samling af väfda Tapeter; historisk och beskrifvande Förteckning*. Stockholm, Imp. royale, 1895-1898, 4 vol. in-fol. avec nombreuses pl.

Le dernier volume, en français, résume les précédents; voir une analyse de l'ouvrage par E. Müntz (*Chronique des Arts*, 1896, p. 315-316).

573. MÜNTZ (Eug.), *La tapisserie au Caire* (*Chronique des Arts*, 1888, p. 126).

III. — TENTURES DES ÉGLISES, DES MUSÉES, DES ÉDIFICES PUBLICS ET DES COLLECTIONS PARTICULIÈRES.

A) Tentures des églises.

574. FAURIS DE SAINT-VINCENT, *Mémoire sur les tapisseries du chœur de l'église cathédrale d'Aix*. Aix, 1816, in-8° de 33 p.

575. POUY (F.), *Les anciennes tapisseries d'Amiens* (*Bull. de la Soc. industrielle d'Amiens*, t. XXII, 1884, p. 378-379).

576. JOUBERT (Abbé), *Rapport sur les tapisseries de la cathédrale de Saint-Maurice d'Angers* (*Mém. de la Soc. nationale d'Agriculture. Sciences et Arts d'Angers*, 2e série, t. II, 1851, p. 104-110).

577. GODARD-FAULTRIER (Ch.), *Tapisseries de la cathédrale d'Angers, de Saint-Florent de Saumur et de Nantilly* (*Congrès archéologique de France,* 29e session à Saumur, 1862, p. 183-187).

578. JOANNIS (Léon de), *Les tapisseries de l'Apocalypse de la cathédrale d'Angers, dites tapisseries du roi René, réduites au dixième et reproduites au trait avec texte explicatif.* Angers, Lainé frères, 1863, in-fol., 36 p., 78 pl.

579. BARBIER DE MONTAULT (X.), *Les tapisseries du Sacre d'Angers classées et décrites selon l'ordre chronologique.* Angers, Lainé, 1863, in-12, 79 p.

580. FARCY (L. de), *Notices archéologiques sur les tentures et les tapisseries de la cathédrale d'Angers.* Angers, 1875, in-8° de 108 p. avec pl., et 1878, in-8° de 138 p.

581. GIRY (A.), *La tapisserie de l'Apocalypse d'Angers* ; comparaison des sujets avec les miniatures du n° 403 de la Bibl. nat., 4 pl. dans le texte (*L'Art,* 1876, t. IV, p. 300-307).

582. FARCY (L. de), *Histoire et description des tapisseries de la cathédrale d'Angers.* Lille et Angers, in-4°, pl., s. d. (Extrait de la *Revue de l'Art chrétien*).

On trouvera une autre description sommaire des mêmes tapisseries, par J. Denais, dans les *Mémoires de la Société d'agriculture, sciences et arts d'Angers,* 5e série, II, 1899, p. 336-419.

583. FARCY (L. de), *L'auteur des cartons de la tapisserie de Saint-Saturnin de la cathédrale d'Angers* [*André Polastron, florentin*] (*Rev. de l'Art chrétien,* 1896, p. 305-306).

584. FARCY (L. de), *Les tapisseries de la cathédrale d'Angers.* Angers, 1901, in-4°, 4 pl. (Extrait du *Mobilier de la Monographie de la cathédrale d'Angers,* p. 77-148).

585. PETIT (M.), *Les Apocalypses manuscrites du Moyen-âge et les tapisseries de la cathédrale d'Angers.* Paris, Bouillon, 1896, in-8° de 14 p. (Extrait du *Moyen-âge,* mars 1896).

586. MONCEAUX (Henri), *Les tapisseries de l'ancien chapitre d'Auxerre et la légende des reliques de saint Étienne* (*L'Art,* 1882, t. I, p. 106-117, 6 pl.

587. GILLEMAN (Ch.), *Tapisseries de l'ancienne abbaye de Baudeloo* (*Inventaire archéologique de Gand,* fasc. XIII, 1898).

588. Guiffrey (Jules), *Les tapisseries de l'hôpital de Beaune.* Paris, 1888, in-8°, 16 p. (Extrait du *Bull. du Comité des Travaux hist. et scient.*).

589. Chabeuf (H.), *Les tapisseries de l'église Notre-Dame de Beaune* (*Rev. de l'Art chrétien*, t. XI, 1900, 16 p., pl.).

590. *Notice sur les tapisseries de la cathédrale de Beauvais.* Clermont (Oise), A. Carbon, s. d., in-8°.

591. Beaude (M.), *Anciennes tapisseries du XVIe siècle conservées dans la cathédrale de Beauvais* (*Bull. monum.*, t. VI, 1840, p. 394-404).

592. Barraud (Abbé), *Notice sur les tapisseries de la cathédrale de Beauvais* (*Mémoires de la Société académique de l'Oise*, t. II, p. 165 et 321).

593. Veuclin (V. E.), *Le jubé et les tapisseries de l'église Sainte-Croix de Bernay.* Bernay, 1888, in-12.

594. Mazet (Albert), *Tapisserie de Notre-Dame-de-la-Borne* (*Soc. du musée d'Aubusson*, Bulletin n° 1, août 1885, pl.).

595. Mater (D.), *Les tapisseries de Saint-Ursin.* Bourges, 1898, in-8° de 5 p., 1 pl. (Extrait de la *Semaine religieuse*).

596. Mater (D.), *Les tapisseries de l'ancienne collégiale de Saint-Ursin* (*Congrès Archéol. de France*, tenu à Bourges en 1898; Compte-rendu, p. 294-304, 1 pl.).

597. Pierre (J.), *Décoration du chœur de la cathédrale de Bourges; liste des tentures anciennes (39 pièces) de la cathédrale dont l'aliénation est décidée pour payer les frais de cette décoration après 1757* (*Soc. des Beaux-Arts des départements en 1901*, p. 179-206).

598. Benet (Armand), *Marché de la tapisserye de l'esglize Saint-Pierre de Caen en 1613* (*Bull. de la Soc. des Antiquaires de Normandie*, 1893, t. XVI).

599. Gasté (Armand), *Les tapisseries des Ursulines de Caen* (*Embarquement et Martyre de sainte Ursule*). Caen, 1895, in-8°, 2 pl. (Extrait du *Bull. de la Soc. des Beaux-Arts de Caen*, 1894).

Sur ces tapisseries se lit la signature : *Fait par moi Jean Colpart, tapissier du Roi*, 1659.

600. MALÈGUE (Hipp.), *Album photographique des tapisseries de la Chaise-Dieu.* Le Puy, 1860, in-8°.

601. MALÈGUE (Hipp.), *Album des tapisseries de l'église de la Chaise-Dieu.* Paris, Didron, 1873, in-8° (22 pl. au trait dessinées par Camille Robert).

602. BONNEFOY (Abbé), *Tapisseries de l'abbaye de Saint-Robert de la Chaise-Dieu.* Brioude, Watel et Allezard, 1879, in-8° de VIII-40 p.

603. BESNARD (Pierre), *La tapisserie du Saint-Sacrement de la cathédrale de Chalon-sur-Saône* (*L'Art sacré*, revue mensuelle, in-4°, Versailles, 4° année, 1902, p. 3-7, 1 planche).

604. SCHARF (G.), *The old Tapestry in St Mary's Hall at Coventry.* London, 1855, in-4° (*Archæologia*, vol. XXXVI, p. 438).

605. BEAUREPAIRE (Henri), *Les tapisseries de Saint-Mammès* [représentant la légende de saint Mammès, à Langres] (*Courrier de l'Art*, 1883, t. III, p. 434).

606. CHAVANNES (E.), *Le trésor de l'église cathédrale de Lausanne.* Lausanne, 1873, in-8°.

607. STAMMLER (Jacques), *Le trésor de la cathédrale de Lausanne, traduit de l'allemand par Jules Galley.* Lausanne, 1902, in-8°.

Reproduction des tentures de Berne.

608. FREMAUX (A.), *Donation à l'église Saint-Étienne de Lille par Jean Ruffault de 314 aunes de tapisserie de haute lisse représentant la vie et passion de saint Étienne, 31 juillet 1518* (*Souvenirs de la Flandre wallonne*, 2° série, 1885, t. V, p. 124-128).

609. NIEPCE (Léopold), *Les monuments d'art de la Primatiale de Lyon détruits ou aliénés pendant l'occupation protestante en 1562.* Lyon, Georg, 1881, in-8° [*Tapisseries et tapis*, p. 50].

610. ALBIN (Abbé L.), *Note sur les tapisseries de saint Gervais et saint Protais, martyrs, à la cathédrale du Mans* (*Bull. monumental*, 4° série, t. XXXVII, 1871, p. 650-654).

611. BARBIER DE MONTAULT (X.), *Les tapisseries des saints Gervais et Protais à la cathédrale du Mans* (*La province du Maine*, 1899, 7° année, p. 209, 241, 311 et 343). [Tirage à part, in-8° de 38 p.].

612. BEAUMONT (Comte Ch. de), *Les tapisseries de l'église de La Couture au Mans* (*Rev. hist. et arch. du Maine*, t. LII, 1902, p. 275-286, 3 pl.).

613. BARTHÉLEMY (Dr L.), *Inventaire des reliques, etc., de l'église cathédrale la Major de Marseille à la fin du XVIe siècle.* Marseille, Olive, 1880, in-8°.

Tapisseries à personnages : la Licorne.

614. ANDRÉ (F.), *Prix-fait des tapisseries de la cathédrale de Mende en 1706* (*Soc. des Beaux-Arts des départements*, 1890, t. XIV, p. 698-704).

Cette tenture, représentant la vie de la Vierge, est composée de huit pièces, exécutées par Antoine Barjon, d'Aubusson, au prix de 33 livres l'aune carrée.

615. CHAUDRAC DE CRAZANNES (Baron), *Notice historique et description de l'ancienne cathédrale de Montauban (description des tapisseries de Montpezat).* Montauban, 1840, in-8°.

616. *Tapisseries de Montpezat [légende de saint Martin, inscriptions]* (*Bulletin monumental*, t. IV, p. 28-29 et *Annales Archéologiques*, III, p. 95).

617. POTTIER (Abbé), *Sur les tapisseries de Montpezat* (*Congrès arch. de France*, session de Montauban, 1865, p. 320-324).

618. GRANDMAISON (Charles de), *Les tapisseries de Montpezat et la relique appelée les bonets de saint Martin de Tours* (*Soc. des Beaux-Arts des départements*, 1898, t. XXII, p. 550-557, 1 pl.).

619. *Les tapisseries de la ville de Paris [98 pièces]* (*Chronique des Arts*, 1883, p. 120).

620. GUIFFREY (Jules), *Les tapisseries des églises de Paris.* Paris, 1890, in-4° (Extrait de la *Rev. de l'Art chrétien*, 1889, p. 288, 447 ; 1890, p. 200).

621. FARCY (L. de), *A propos des anciennes tapisseries conservées autrefois dans les églises de Paris* (*Rev. de l'Art chrétien*, 1894, p. 328-330).

622. *Les tapisseries de saint Gervais et de saint Protais ; compte-rendu du procès en revendication par la Ville au tribunal de la Seine* (Extraits de journaux, à la Bibliothèque des Gobelins).

623. MOLINIER (Émile), *Inventaire du trésor de l'église du Saint-Sépulcre de Paris* (*Mém. de la Soc. de l'Histoire de Paris et de l'Ile de France*, 1883, p. 239-286).

Sujets religieux : Notre-Dame et les trois rois de Cologne.

625. STEIN (Henri), *Vandalisme : les tapisseries dites de Notre-Dame à Pontoise* (*Courrier de l'Art*, 4ᵉ année, 1884, p. 7-8).

626. PARIS (Louis), *Toiles peintes et tapisseries de la ville de Reims, ou la mise en scène du Théâtre des Confrères de la Passion.* Reims, 1843, 2 vol. in-4° et 32 pl. gr. in-fol. par Leberthais, avec les principales scènes des Mystères du XVᵉ siècle.

Reproduction des sujets de l'histoire du roi Clovis.

627. PRIOR (Armand), *Histoire de saint Remi, précédée d'une introduction et suivie d'un aperçu historique sur la ville et l'église de Reims et ses tapisseries.* Paris-Lyon, 1846, in-8° et atlas in-fol. de 11 pl.

628. CERF (C.), *Histoire et description de Notre-Dame de Reims.* Reims, 1861, 2 vol. in-8° (*Tapisseries,* vol. II, p. 412).

629. LORIQUET (Ch.), *Les tapisseries de Notre-Dame de Reims ; description précédée de l'histoire de la tapisserie dans cette ville, d'après des documents inédits.* Reims, 1876, in-8° (*Travaux de l'Acad. nat. de Reims,* t. LVI, p. 115).

Voir un compte-rendu par A. Darcel dans la *Chronique des Arts,* 1876, p. 288-289.

630. BARTHÉLEMY (Ed. de), *Les tapisseries de Reims* (*Bull. monumental,* t. XLVI, p. 230-253).

631. LORIQUET (Charles), *Tapisseries de la cathédrale de Reims ; histoire du roi Clovis (XVᵉ siècle) ; histoire de la Vierge (XVIᵉ siècle).* Reproduction en héliogravure par les procédés de la maison Goupil et Cⁱᵉ d'après les clichés de MM. Aug. Marguet et Ad. Dauphinot. Paris, Quantin ; Reims, Michaud, 1882, in-fol. de 165 p. et 20 pl.

632. SOIL (Eug.), *Les tapisseries de la cathédrale et de l'église Saint-Remi de Reims* (Extrait du XXᵉ *Bull. de la Gilde de saint Thomas et de saint Luc,* 1887, in-4°, 43 p., 1 pl.).

633. MARSY (Comte de), *Les origines tournaisiennes des tapisseries de Reims* (*Travaux de l'Académie de Reims,* t. LXXXIX, p. 357).

634. *La tapisserie de saint Remi, sa réparation aux Gobelins* (*Chronique des Arts,* 25 janvier et 12 décembre 1896).

635. PERROSSIER (Abbé Cyprien), *Les tapisseries de l'église Saint-Bernard de Romans, notice historique et descriptive.* Valence, imp. Valentinoise, s. d., in-8° (Extrait du *Bulletin du diocèse de Valence*).

636. Lafond (Paul), *Tapisseries de l'église Saint-Vincent à Rouen* (*Soc. des Beaux-Arts des départements,* 1894, t. XVIII, p. 1409-1446, 4 pl).

Histoire de saint Vincent et 36 pièces du Nouveau Testament.

637. Dijon (Dom H.), *L'église abbatiale de Saint-Antoine en Dauphiné.* Grenoble et Paris, 1902, in-4° et pl. (*Les tapisseries,* p. 372-383).

638. Guiffrey (Jules), *Tapisseries commandées pour l'abbaye de Saint-Denis par le cardinal de Bourbon* (*Nouv. Arch. de l'Art français,* t. III, 1874-1875, p. 164-169).

Six pièces par Pierre du Larry (1552).

639. Prost (Bernard), *La tapisserie de Saint-Anatoile de Salins* (*Gaz. des Beaux-Arts,* 1892, t. VIII, p. 496-507 et 2 pl.).

640. Godard-Faultrier et Hawke, *Tapisserie de Saint-Florent de Saumur, dessinée par P. Hawke, avec une notice.* Angers, 1842, in-4°, 20 p. et pl.

641. Godard-Faultrier, *Découverte de deux fragments de la tapisserie de Saint-Florent-les-Saumur* (*Soc. des Beaux-Arts des départements,* 1889, t. XII, p. 715-718).

642. Guiffrey (Jules), *Un bal de sauvages, tapisserie du XVe siècle appartenant à l'église de Notre-Dame de Nantilly, à Saumur* (*Rev. de l'Art ancien et moderne,* 1898, t. IV, p. 75-82, 5 pl.

643. Barbier de Montault (X.), *Une tapisserie du XVIe siècle à Saumur* [*Histoire de saint Florent*] (*Revue de l'Art chrétien,* t. XIV, 1903, p. 222-224).

644. Montaiglon (A. de), *Antiquités et curiosités de la ville de Sens* [3e article] : *les étoffes et les tapisseries du trésor de la cathédrale* (*Gaz. des Beaux-Arts,* 1880, t. XXI, p. 242-262).

645. Soil (E. J.), *La tapisserie de Judith et Holopherne à la cathédrale de Sens.* Caen, Delesques, 1902, in-8° de 20 p., et 1 pl. (Extrait du *Bulletin monumental*).

646. Chartraire (Abbé E.), *Inventaire du trésor de l'église de Sens.* Sens, Duchemin, 1897, in-8°, pl. de tapisseries et étoffes anciennes.

647. Voisin (Chanoine), *Note sur une ancienne tapisserie trouvée dans la châsse de saint Landry à Soignies* (*Bull. des Commissions royales d'art et d'archéologie,* t. VI, 1867).

648. CHRISTMANN (L.), *Les tapisseries de Saint-Jean-des-Choux près Saverne (Sanct Johann bei Zabern)*. Saverne, Gilliot, 1885, album obl. avec 7 phot.

Voir un compte-rendu de cet ouvrage par Gerspach (*Revue alsacienne*, 1886, p. 18-22).

649. GUIFFREY (Jules), *La Vie de la Vierge, tapisseries de la cathédrale de Strasbourg* (*Chronique des Arts*, 1901, n° 30, p. 242).

650. GUIFFREY (Jules), *La Vie de la Vierge, étude sur les tapisseries conservées à la cathédrale de Strasbourg* (*Rev. alsacienne illustrée*, 1902, in-4°, 14 phototypies et dessins dans le texte).

651. FORRER (Dr R.), *Die Odilienberg, seine vorgeschichtlichen Denkmäler, etc.* Strassburg, 1899, in-12 (p. 39, pl. VI et VII : *Gotischer Teppich mit Darstellungen aus der St Odilien Legende*).

Cette tapisserie est conservée au petit Séminaire de Strasbourg.

652. *Tapisseries du XVe siècle conservées à la cathédrale de Tournai; leur fabrication à Arras en 1402, etc.; précédé d'une notice sur la fabrication des tapisseries en Flandres et particulièrement à Arras.* Tournai et Lille, 1883, in-4°.

653. SOIL (Eugène), *Tapisserie du XVe siècle à l'église Saint-Brice de Tournai* (*Bull. de la Soc. historique et littéraire de Tournai*, t. XXI).

654. GERSPACH, *Les tapisseries de la cathédrale de Trente* (*Revue de l'Art chrétien*, 1903, p. 320).

Sept sujets de la vie du Christ, datant d'environ 1520, et sortis de l'atelier bruxellois de Peter von Aelst.

655. HETTIER (Ch.), *Les tapisseries des Bénédictines de Valognes* (*Bull. de la Soc. des Antiquaires de Normandie*, 1891, t. XV).

656. LE MENÉ (Abbé J.-M.), *Tapisserie de saint Vincent Ferrier à l'église de Vannes [de 1615]* (*Congrès archéologique de France*, 1881, 48e session, p. 238-247, et *Bulletin de la Soc. Polym. du Morbihan*, 1881, p. 115).

657. BORDEAUX (R.), *Les tapisseries de l'église de Vernon [6 pièces du XVIIe siècle]* (*Almanach de l'Eure*, 1872, p. 68, et *Miscellanées d'archéologie normande*, 1880, in-12, p. 64-68).

658. MARSAUX (Abbé L.), *Tapisseries de l'église de Vernon* [6 pièces du XVIIᵉ siècle] (*Rev. de l'Art chrétien*, 1891, t. II, p. 309-313).

L'auteur attribue ces pièces aux ateliers d'Aubusson.

659. PRUDHOMME (A.), *Le trésor de Saint-Pierre de Vienne en 1664* [15 tapisseries, 2 pl. : *Chute de Simon, Délivrance de saint Pierre*] (*Bull. de l'Académie delphinale*, 1884, 3ᵉ série, t. XIX, p. 119-135).

B) *Catalogues des tapisseries des musées.*

660. *Guide du visiteur au palais de Compiègne par* E. DE LAUNAY, *ancien conservateur du palais de Compiègne.* Compiègne, A. Dupré, 1888, in-12 de 83 p.

Nomenclature des tapisseries exposées dans le palais.

661. RIGONI (C.), *RR. Gallerie e Musei di Firenze. Catalogo della R. Galleria degli Arazzi (124 numéros).* Firenze, Bencini, 1884, in-12 de 88 p. [Marques de tapissiers].

662. STEIN (H.), *Les tapisseries du garde-meuble au château de Fontainebleau en 1750* (Dans *Curiosités locales. Fontainebleau et environs*, 1ʳᵉ série (1902), p. 91-99).

663. ROCK (Daniel), *South Kensington Museum. Textile fabrics; a descriptive catalogue of the collection of church-vestments, dresses, silk stuffs, needlework, and tapestries, forming that section of the museum.* London, Chapman and Hall, 1870, in-8º de 354 p., pl.

664. COLE (Alan S.), *A descriptive catalogue of the collections of tapestry and embrodery in the South Kensington Museum.* London, 1888, in-8º. — *A supplemental descriptive catalogue of the collections etc..., acquired between 1886 and june 1890.* London, 1891, in-8º.

665. CHAMPEAUX (A. de), *Tapestry (South Kensington Mus. : Art Handbooks).* London, 1878, in-8º, fig.

666. LELAND (C. G.), *Art Work Manuals, nº 2 : tapestry or Dye Painting.* New York, 1881-1882, in-4º.

667. LA BORDE (comte Léon de), *Notice des émaux, bijoux et objets divers exposés dans les galeries du Musée du Louvre (conte-nant le Catalogue des tapisseries du Musée).* Paris, 1853, 2 vol. in-12.

668. *Musée des Arts décoratifs de Paris. Catalogue descriptif des tapisseries.* Paris, 1880, in-8º.

669. Stammler (J.), *Die Teppiche des historischen Museums in Thun.* Thun, Verwaltung des histor. Mus., 1891, in-8° de 67 p., fig.

670. *Katalog von niederländer Tapeten und Gobelins in Besitz des A. H. Kaiserhauses.* Wien, 1882, in-12.

C) *Tentures conservées dans les collections publiques ou particulières.*

671. Bournon (F.), *Inventaire des tapisseries emportées du château de Blois en 1533* (*Nouv. Arch. de l'Art français,* 1879, p. 334-339).

672. Gagnot-Sausse (Ad.), *Les tapisseries artistiques de Blois.* Blois, Lecesne, 1882, in-12 de 16 p.

673. Callier (G.), *Vente des tapisseries de Boussac* (*Bull. monumental,* 1882, 5° série, t. VIII, p. 567).

Voir une notice du même auteur sous le n° 370.

674. Sand (G.), *Tapisseries de Boussac (description),* dans le *Journal d'un voyageur pendant la guerre.* Paris, 1871, in-12, p. 76-78.

675. Darcel (A.), *Notes pour l'histoire de la tapisserie : Jean Bodet, tapissier, auteur d'une tenture de 14 pièces exécutée pour la chambre de Monseigneur au château de Leran, près Mirepoix* (*Bulletin monumental,* 1884, t. XII, n° 7, et *Chronique des Arts,* 1885, p. 86).

676. Darcel (A.), *Excursion à Malte.* Rouen, 1882, in-12.

Voir, p. 30-34, une notice sur les tapisseries de l'église Saint-Jean et celles du palais du Gouvernement.

677. Tardif (G.), *Notice sur les tapisseries de Maringues (Puy-de-Dôme).* Clermont-Ferrand, 18..., in-12 de 7 p.

678. Ponroy (Henri), *Notes sur une tapisserie du XV° siècle provenant du château de Mehun-sur-Yèvre* (*Mém. de la Soc. des Antiq. du Centre,* t. IX, 1881, p. 105-125, pl.).

679. Guiffrey (J.), *Les tapisseries de Montereau, avec une eau-forte de M. Paul Gillard (sujets de la guerre de Troie).* Fontainebleau, 1890, 1 pl. (Extrait des *Annales de la Société histor. et archéol. du Gâtinais,* 1890, p. 1-19).

680. Barbier de Montault (Mgr X.), *Une tapisserie du XVᵉ siècle*. Montauban, 1881, in-8° de 8 p. et pl. (Extrait du *Bull. de la Soc. archéol. de Tarn-et-Garonne*).

681. Villeneuve (François), *Notice sur la tapisserie de Charles le Téméraire conservée à la cour royale de Nancy*. Nancy, 1838, in-8° de 24 p.

Voir aussi Jubinal, *Tapisseries de Nancy*, 1ʳᵉ page, 2ᵉ colonne.

682. Beltrami (L.), *La Battaglia di Pavia; XXIV febbrajo MDXXV, illustrata negli arazzi del march. del Vasto al museo di Napoli*. Milano, 1896, in-fol., 7 pl.

683. Gauthiez (Pierre), *La bataille de Pavie d'après les tapisseries conservées au musée de Naples* (*Gaz. des Beaux-Arts*, 1897, t. XVII, p. 433-437).

Analyse de la publication de M. Beltrami, avec 1 planche. Un autre compte-rendu, par M. Maindron, a paru dans la *Revue de l'Art ancien et moderne*, t. I, p. 277-279.

684. Rahlenbeck (Charles), *Les tapisseries des rois de Navarre*. Gand, 1868, in-8° de 44 p., 1 pl. (Extrait du *Messager des Sciences historiques*, 1868, p. 356-394).

685. Beaumont (Charles de), *Les tapisseries de Marie d'Albret aux musées de Nevers*. Orléans, 1900, in-8° de 12 p., 4 pl. (Extrait du *Compte-rendu de la Réunion des Sociétés des Beaux-Arts des départements en 1899*, p. 361-371).

686. Gorse (André), *Étude sur les tapisseries du château de Pau*. Pau, in-8° de 36 p. (Extrait du *Bull. de la Soc. des Sciences, Lettres et Arts de Pau*, 2ᵉ série, X, p. 85-106).

687. Planté (Adrien), *Les tapisseries du château et l'exposition rétrospective de Pau. Conférence faite au château d'Henri IV le 5 mai 1891*. Pau, L. Ribaut, 1891, in-8° de 37 p.

688. Lafond (Paul), *Histoire de saint Jean-Baptiste au château de Pau; suite de tapisseries de la fin du XVᵉ siècle* (*L'Art*, 1886, t. I, p. 121-125, 5 pl.).

689. Lafond (Paul), *L'histoire de Psyché, suite de tapisseries du XVIᵉ siècle au château de Pau* (*L'Art*, 1886, t. II, p. 188-193, 6 pl.).

Reproduction des 6 sujets de Pau.

690. Lafond (Paul), *Les tapisseries du château de Pau : les mois grotesques, suite de tapisseries du XVIe siècle* (*L'Art*, 1891, t. II, p. 137-145, 12 pl.).

691. Lafond (Paul), *Les tapisseries du château de Pau : les mois dits de Lucas, suite de tapisseries du XVIe siècle* (*L'Art*, 1892, t. I, p. 7-17, 12 pl.).

692. Lafond (Paul), *Les tapisseries du château de Pau : les belles chasses de l'empereur Maximilien, suite de tapisseries flamandes du XVIe siècle* (*L'Art*, 1892, t. II, p. 41-45, 5 pl.).

Ces pièces sont les copies faites aux Gobelins, à la fin du xviie siècle, de la tenture originale aujourd'hui conservée au Musée du Louvre.

693. Lafond (Paul), *Les tapisseries du château de Pau : les maisons royales, suite de tapisseries des Gobelins du XVIIe siècle* (*L'Art*, 1893, t. II, p. 25-31, 10 pl.).

694. Lafond (Paul), *Les tapisseries du château de Pau : les quatre saisons, d'après les peintures de Mignard au château de Saint-Cloud, suite de tapisseries des Gobelins du XVIIe siècle* (*L'Art*, 1893, t. II, p. 177-180, 2 pl.).

695. Massereau (T.), *Description de deux tapisseries anciennes et de chenets et appliques dépendant de la maison Périgois, sise à Neuvy-Saint-Sépulcre (Indre)*. Châteauroux, 1896, in-8°, fig.

696. Barbier de Montault (X.), *Les tapisseries du Plessis-Macé*. Angers, in-8° de 40 p. (Extrait de la *Revue de l'Anjou*, 1889, p. 1-18).

Voir la vente de ces tapisseries en date du 6 octobre 1888.

697. *Les tapisseries de Pontoise* (*Revue de l'art français ancien et moderne*, 1884, p. 47-48, 78-79).

Cf. le n° 628 ci-dessus.

698. Massereau (T.), *Étude sur le château et les tapisseries de Puy-d'Auzou*. Châteauroux, 1896, in-8°, fig.

699. Martin (Octave), *La grand'chambre de demain au Palais de Justice de Rennes ;* discours de rentrée. Rennes, 1902, in-8° de 70 p.

Contient la description des tapisseries en cours d'exécution aux Gobelins d'après les modèles d'Ed. Toudouze.

700. Lebreton (G.), *Notice sur deux anciennes tapisseries du Musée des antiquités de Rouen*. Paris, Plon, in-8° de 13 p. et 2 pl.

(Extrait du *Compte-rendu de la réunion des Sociétés des Beaux-Arts des départements,* 1898, p. 97-110).

Une de ces tapisseries provient de la tenture faite pour Diane de Poitiers et dont la plus grande partie se trouve au château d'Auch. Le même travail a paru dans le *Bull. de la Comm. des Antiquités de la Seine-Inférieure,* 1899, XI, p. 281-296.

701. PLANTÉ (J.), *Les tapisseries du château de Saint-Amadour (Mayenne).* Laval, 1887, in-4° de 16 p., 2 pl. (Extrait du *Bull. de la Comm. hist. et arch. de la Mayenne,* IV, p. 305-315 et 706).

702. TOURNIER (Léon), *Les tapisseries des Gobelins données à la ville de Saint-Germain-en-Laye par M. le duc de Noailles, gouverneur de la ville (Commission des Antiquités et des Arts de Seine-et-Oise,* 3e fascicule, 1883, p. 47-49).

703. CARRIÈRE (Abbé), *Tapisserie du quatorzième siècle conservée dans la salle des séances de la Société archéologique du Midi de la France.* Toulouse, s. d., in-4° de 20 p., 1 photog. (Extrait des *Mém. de la Soc. archéol. du Midi de la France,* XI, p. 15-34).

Vue du Christ en douze médaillons quadrilobés, en broderie.

704. MARMOTTAN (Paul), *La tapisserie du tournoi (de Valenciennes), à l'occasion de sa réparation (Journal des Arts,* 16 novembre 1901).

705. CHEYSSAC (A.), *Notice sur cinq pièces d'une tapisserie flamande du XVIe siècle, représentant l'Histoire de Samson, au château de Vaugoubert en Périgord, avec une planche de monogrammes de la fabrique de Bruxelles (Sociétés des Beaux-Arts des départements,* 1887, t. IX, p. 358-365).

706. LONGUEMARE (P. de), *Note sur une tapisserie du prieuré de Vaux (Vienne), présentant une représentation symbolique de l'Eucharistie au XVIe siècle (Bull. de la Soc. des Antiq. de France,* 1879, p. 262-265).

707. *Anciennes tapisseries : tapisserie du château de Seymiers,* pl. (*Magasin pittoresque,* 1862, p. 173).

708. *Tapisseries du château de Cherré (Sarthe) (Bull. monumental,* XXX, p. 716).

709. DIDRON (A. N.), *Tapisseries : Iconographie des châteaux (Annales archéol.,* 1857, t. XVII, p. 5).

710. *Katalog der mittelalterlichen Sammlung zu Basel*. Basel, 1890, in-16 et fig. — *Führer durch die Sammlung*. Basel, 1880, in-12 et fig.

711. *Tente de Charles le Téméraire, duc de Bourgogne, ou tapisserie prise par les Lorrains lors de la mort de ce prince devant leur capitale en 1477*. Nancy, 1843, in-fol., pl.

712. PINCHART (A.), *Notice sur Roger Van der Weyden et les tapisseries de Berne*. Bruxelles, 1864, in-8° de 26 p. (Extrait des *Bull. de l'Académie de Belgique*, 2ᵉ série, XVII).

713. KINKEL (G.), *Die Brüsseler Ratshausbilder des Rogier van der Weyden and deren Kopien in den burgundischen Tapeten zu Bern*. Zurich, 1867, in-8°.

Réimprimé dans : *Mosaik zur Kunstgeschichte*, Berlin, 1876, in-8°, p. 302 et suiv.

714. BEAUNE (Henri), *Les dépouilles de Charles le Téméraire à Berne*. Dijon, 1873, in-4° de 47 p. (Extrait des *Mém. de la Comm. des Antiquités de la Côte-d'Or*, VIII, p. 271 et suiv.).

715. STAMMLER (J.), *Die Burgunder-Tapeten in historischen Museum zu Bern*. Bern, 1889, in-8° de IV-108 p., fig.

716. STAMMLER (J.), *Die Sᵗ Vinzenz-Teppiche des Berner Münsters*. Luzern, 1890, in-8° de 66 p. et fig.

717. GERMAIN (Léon), *Les tapisseries dites de la tente de Charles le Téméraire attribuées aux ateliers de Douai* (*Journal de la Soc. d'archéol. lorraine*, 1895, p. 140-143).

D) *Monographies de tapisseries.*

718. QUICHERAT (J.), *Tapisserie allemande représentant l'arrivée de Jeanne d'Arc à la cour de Charles VII* (*Bull. de la Soc. des Antiq. de France*, 1858, p. 130 ; 1859, p. 74).

Elle appartenait alors au marquis d'Azeglio et fut offerte à la ville d'Orléans.

719. VERGNAUD ROMAGNESI, *Tapisserie de Jeanne d'Arc du musée d'Orléans*. Orléans, 1859, in-8° de 6 p.

720. FORESTIÉ (Edouard), *Les tapisseries de Jeanne d'Arc et la Pucelle de Chapelain*. Montauban, Forestié, 1879, in-4° de 16 p., 2 pl. dont une en couleurs.

Couronnement de Charles VII, tapisserie de 1640 (Aubusson ?).

721. *Jeanne d'Arc en tapisserie* (*Chronique des Arts,* 1892, p. 222 et 231).

722. *Sur d'anciennes tapisseries, une tapisserie du XVIe siècle : le mariage de Louis XII,* pl. (*Magasin pittoresque,* 1859, p. 212, 1860, p. 32, et 1861, p. 51).

723. Stein (H.), *Un fragment des tapisseries des Victoires de Charles VII au château de Fontainebleau* (*Mémoires de la Soc. des Antiq. de France,* t. LX, 1901, p. 174-188, 1 pl.).

Le même sujet a été traité par M. Jules Lair dans son *Essai historique et topographique sur la bataille de Formigny* (Paris, 1903, in-8° et 4 pl.).

724. *Tapisserie et tapissiers d'Anne de Bretagne en 1494* (*Dictionnaire critique de Jal,* p. 1173, au mot *Tapisserie*).

725. Langlois (Victor), *Tapisseries de l'époque de Louis XII exposées au musée de Cluny : histoire de David* (*Revue Archéol.,* 1850, t. VII, p. 757-761).

726. Gariel (H.), *Une tapisserie de Molière : les Amours de Gombaut et Macé.* Grenoble, 1863, in-8°, 1 pl.

Cette tapisserie de Grenoble représente la danse des paysans.

727. Guiffrey (Jules), *Les Amours de Gombaut et Macé, étude sur une tapisserie française du musée de Saint-Lô.* Paris, Charavay, 1882, in-4° et 14 pl.

Voir un compte-rendu dans l'*Art,* 1883, t. III, p. 36-37, par Eug. Véron.

728. Darcel (A.), *La légende de saint Martin, tapisserie du XIIe siècle sur canevas* (*Annales Archéol.,* 1864, t. XXIV, p. 73).

729. Vallet de Viriville, *Note sur une tapisserie découverte à Grenoble et où on avait cru voir à tort le mariage de Louis XI* (*Bull. de la Soc. des Antiq. de France,* 1865, p. 102-103).

730. Demay (J.), *Tapisserie à légendes allemandes en vers sur le pouvoir de la femme, appartenant à M. Odiot* (*Bull. de la Soc. des Antiq. de France,* 1876, p. 170-172).

731. *Tapisserie de l'Histoire de Scipion, en 8 pièces, offerte en présent par la ville de Paris à la reine Marie de Médicis, à l'occasion de la naissance du Dauphin, en 1601* (*Nouv. Arch. de l'Art français,* 1880-1881, p. 309-310).

732. GUIFFREY (Jules), *Note sur une tapisserie représentant Godefroy de Bouillon et sur les représentations des preux et des preuses au XV° siècle* (*Mém. de la Soc. des Antiq. de France*, 4° série, X, 1879, p. 97-110).

Tapisserie se trouvant au château de La Grange-sur-Allier, reproduite dans les *Châteaux historiques de la France*.

733. MEYER (Paul), *Les neuf Preux* (*Soc. des anciens textes*, 1883, Bulletin n° 2, 10 p.).

734. BARBIER DE MONTAULT (X.), *La tapisserie marchoise des neuf Preux* (*Bull. de la Soc. arch. et hist. du Limousin*, 1894, XLI, p. 209-224, fig.).

Post-scriptum à la tapisserie des Preux dans la *Revue Poitevine et Saintongeoise*, XI, 1894, p. 33-48.

735. BARBIER DE MONTAULT (X.), *Les tapisseries des Preux à Saint-Maixent*. Saint-Maixent, 1893, in-8° de 118 p., 6 pl. (Extrait de la *Revue Poitevine et Saintongeoise*).

736. MÜNTZ (Eug.), *La collection des tapisseries de M. Spitzer* (*Gaz. des Beaux-Arts*, 1881, 2° série, t. XXIII, p. 377-395).

737. DARCEL (A.), *Les tentures de l'Histoire de Moïse, d'après Nic. Poussin* (*Chronique des Arts*, 1881, p. 103-104).

738. GEHUZAC (Noël), *Collections contemporaines : collection de M. Stein; l'enlèvement d'Europe, tapisserie d'après Boucher* (*L'Art*, 1886, t. I, p. 159, 1 pl.).

739. GUIFFREY (J.), *La tapisserie de la chaste Suzanne, notice historique et critique, avec une introduction par Paul Marmottan*. Paris, E. Plon, Nourrit et C°, 1887, in-4°, 4 pl.

Accompagné d'un Appendice : « Les armoiries de la tapisserie de Suzanne sont celles de la famille de Cirey » (détaché).

740. GERSPACH, *Une tapisserie des Rohan* (*Revue Alsacienne*, juin 1890, in-8°, 8 p. et 2 pl.).

741. WALTERS (A.), *La tenture de l'histoire de Romulus en 8 panneaux* (*Courrier de l'Art*, 1890, t. X, p. 298-300).

742. BEAUMONT (Charles de), *Un prototype de la tapisserie d'Artémise* (*Réunion des Sociétés des Beaux-Arts des départements en 1896*, p. 164-174).

743. Müntz (Eug.), *La légende de Trajan*. Vannes, 1892, in-8°
de 14 p. et pl. (Extrait de la *Revue des Traditions populaires*).

744. Cox (Raymond), *L'art de décorer les tissus d'après les
collections du Musée historique de la Chambre de commerce de
Lyon*. Paris, Mouillot, 1900, in-fol.

Reproduction de tap. coptes, de la pièce de Saint-Géréon, en couleur,
plusieurs tapisseries du xv° siècle, tapis d'Orient, en noir et en couleur.

745. Dubarat (Abbé), *Une tapisserie du XVe siècle à l'exposition de
Bordeaux* (*Études historiques et religieuses du diocèse de Bayonne*,
1895, p. 257).

746. Vallois (G.), *Les aventures romanesques d'André Ier de
Chauvigny aux Croisades, représentées par une tapisserie du
XVe siècle* (*Mém. de la Soc. des Antiq. du Centre*, 1881, t. IX,
p. 83-103, pl.).

747. Delpech-Buytet, *Une tapisserie du XVIe siècle : chasse au
cerf, marques de Bruxelles* (*Revue de l'Agenais*, 1876, p. 287-295).

748. *Mémoire pour Dominique Roland, écuyer, contre Antoine
Bailly et Catherine Chevry, sa femme... 2 juin 1698, au sujet
d'une vente, en date du 8 octobre 1689, de 7 tapisseries rehaussées
d'or, représentant les Passions, au prix de 22000 livres payables en
deux ans*. In-fol. de 6 p., signées : Ferrary, avocat.

IV. — Documents sur les tapisseries

A) Inventaires de tapisseries.

749. Mély (F. de) et Bishop (E.), *Bibliographie générale des
inventaires imprimés*. Paris, Leroux, 1892, 2 vol. in-8°.

Voir la table, aux mots Tapis, Tapisseries, Gobelins.

750. Prost (Bernard), *Liste des artistes mentionnés dans les états
de la maison du Roi et des maisons des princes, du XIIIe siècle à
l'an 1500* (*Arch. hist., artist. et littéraires*, 1889-1890, t. I, p. 425).

Les tapissiers occupent les pages 430 à 437.

751. Laborde (comte L. de), *Inventaire du roi Charles V, 21 janvier
1380 : tapisseries du n° 332 à 364* (*Revue Archéol.* t. VIII, p. 743, et
Mémoires et Dissertations, Paris, 1852, in-8°, p. 108-150).

752. LABARTE (Jules), *Inventaire du mobilier de Charles V, roi de France (tapisseries et tapis, n° 3674-3791)*. Paris, Imp. nat., 1879, in-4°, pl. [Documents inédits].

753. FAGNIEZ (G.), *Inventaires du trésor de Notre-Dame de Paris de 1343 et de 1416*. Paris, 1874, in-8° (Extrait de la *Revue Archéol.*).

Page 48, Tapis : Vices et vertus, armoiries, Dieu et la Vierge.

754. LEDOS (G.), *Fragment de l'inventaire des joyaux [et tapisseries] de Louis Ier, duc d'Anjou (Biblioth. de l'École des Chartes*, 1889, t. L, p. 168-179).

Les tapisseries ne figurent pas dans la publication de M. de Laborde insérée dans la *Notice des Émaux du Louvre*.

755. ROMAN (Joseph), *Inventaires et documents relatifs aux joyaux et tapisseries des princes d'Orléans-Valois (1389-1401)*. Paris, 1894, in-8° de 240 p.

756. DOUET D'ARCQ (L.), *Comptes de l'argenterie des rois de France au XIVe siècle*. Paris, 1851, in-8° (Soc. de l'Histoire de France).

Voy. à la table le mot *Tapissiers*.

757. GUIFFREY (Jules), *Inventaires de Jean duc de Berry (1401-1416)*. Paris, 1894-1896, 2 vol. in-8° (*Tapisseries et Tapis*, t. II, p. 206-224, 241-242, 260-265).

758. GUIFFREY (Jules), *Inventaire des tapisseries de Charles VI, vendues ou dispersées par les Anglais de 1432 à 1435*. Paris, 1887, in-8° de 100 p. (Extrait de la *Bibliothèque de l'École des Chartes*, t. XLVIII, 1887).

759. TUETEY (A.), *Inventaire des biens de Charlotte de Savoie, reine de France (1483)*. Paris, 1865, in-8° (Extrait de la *Bibliothèque de l'École des Chartes*, 6e série, I, p. 338 et suiv.).

760. VAYRA (Pietro), *Inventari dei castelli di Camberi, di Torino et di Ponte d'Ain, 1497-1498*. Torino, Stamperia reale, 1883, in-8°.

Voir la table. — Notamment : tapisserie des Preux avec le portrait de Du Guesclin, d'Alexandre, d'Annibal, de Charlemagne, de Renaud de Montauban (de Troie), Méléagre, Judas Macchabée, Boquillons, les neuf Preuses.

761. PROMIS (Vincent), *Inventaire fait au XVe siècle des meubles, etc., tapisseries empruntées par le pape Félix V à l'hôtel de la maison*

de Savoie (*Mém. publiés par la Soc. Savoisienne d'hist. et d'arch.*, t. XV, 1875, p. 297-319).

Tapisseries de Clovis, de Charlemagne, de Thésée, de Renaud de Montauban, de chasse, aux armes.

762. BONNAFFÉ (Edmond), *Inventaire de la duchesse de Valentinois, Charlotte d'Albret (1514)*. Paris, Quantin, 1878, in-8°.

Tapisseries de Felletin, de fil d'or, de hautelisse, etc.

763. PINCHART (Al.), *Inventaire des joyaux, orfèvreries et tapisseries de l'empereur Maximilien Ier en 1519* (*Arch. des Arts, Sciences et Lettres*, III, p. 85-91).

Jason, Hercule, Alexandre, Lazare, Salomon, saint Georges, arbre de Jessé.

764. PINCHART (Al.), *Meubles et tapisseries de l'hôtel de Nassau en 1618* (*Arch. des Arts, Sciences et Lettres*, III, p. 91-94).

Six pièces du roi Cyrus.

765. MÜNTZ (Eugène), *Inventaire des tapisseries et des parements d'Innocent VIII, fait en 1521* (*Les Arts à la Cour des Papes*, t. I, p. 129-131).

766. LABORDE (comte Léon de), *Inventaire des tableaux, livres, joyaux et meubles de Marguerite d'Autriche, 17 avril 1524* (*Revue Archéol.*, t. VIII, p. 480, et *Mémoires et Dissertations*, Paris, 1852, in-8°, p. 106).

Tapisseries du n° 250 au n° 255.

767. MICHELANT (H.), *Inventaire des vaisselles, joyaux, tapisseries, etc. de Marguerite d'Autriche (1523)*. Bruxelles, 1870, in-8° (Extrait du tome XII des *Bull. de la Comm. royale d'hist. de Belgique*).

P. 73 et 119 : Alexandre, Esther, Credo, saint Estève, Cité des Dames.

768. GRÉSY (Eug.), *Inventaire des objets d'art, bijoux, tapisseries de la succession de Florimond Robertet, août 1532* (*Mém. de la Soc. des Antiq. de France*, XXX, p. 1-66, pl.).

30 ameublements complets : Moïse, siège de Troie, Cléopâtre, les Sibylles, les sept Sages de la Grèce, Hercule, Roland, Cerf fragile de saint Augustin, paysages de Bury, Gombault et Macé, etc.

769. MICHELANT (H.), *Inventaire des joyaux, ornements d'église*,

vaisselles, tapisseries, livres, tableaux, etc. de Charles-Quint, dressé à Bruxelles au mois de mai 1536 (Comptes-rendus de la Comm. royale d'Hist. de Belgique, 1872, t. XIII, p. 199-368).

Tapisseries, tapis, chambres, étoffes, p. 245-256.

770. Parrot (Armand), *Inventaire du trésor de l'abbaye royale de Saint-Florent-lès-Saumur (1583), précédé d'une notice historique (Revue des Soc. savantes, 7ᵉ série, 11, 1879, p. 230-242).*

Légendes des tapisseries de l'église Saint-Pierre de Saumur.

771. Michelant (H.), *Inventaire des bagues..., tapisseries, livres et autres joyaux appartenant à Philippe II, fait à Bruxelles au mois de mars 1569 (Comptes-rendus de la Comm. royale d'Hist. de Belgique, 1873, t. XIV, p. 199-236).*

772. Pinchart (A.), *Tapisseries existant au château de Myon en Bourgogne, en 1577 (Arch. des Arts, 1891, t. III, p. 90).*

773. Bonnaffé (Edmond), *Inventaire des meubles de Catherine de Médicis en 1589.* Paris, Aubry, 1872, in-12.

Tapisseries et tapis, p. 56 à 60, et autres tentures.

774. Guiffrey (Jules), *Inventaires des meubles précieux de l'hôtel de Guise en 1641 (Revue de l'Art français anc. et mod., 1896, p. 156-246).*

Nombreuses tapisseries, dont les cartes de Paris, Jérusalem, Constantinople, Venise, Rome, les Chasses de Maximilien, estimées 50.000 liv., Histoire d'Abraham, d'Hercule, etc., p. 168 et suiv.

775. Cosnac (G. J. de), *Les richesses du palais Mazarin.* Paris, Renouard, 1885, in-8°, fig.

État des tableaux et tapisseries de Charles Iᵉʳ, mis en vente au palais de Somerset en 1650, p. 419 ; Inventaire inédit dressé après la mort du cardinal Mazarin en 1661 ; Tapisseries, p. 390-411.

776. Aumale (duc d'), *Inventaire de tous les meubles du cardinal Mazarin, dressé en 1653 et publié d'après l'original conservé dans les archives de Condé.* Londres, Whittingham, 1861, in-8°.

Tapisseries, p. 114 à 176.

777. Marionneau (Ch.), *Tapisseries léguées par le testament du duc d'Épernon en 1661 (Revue de l'Art français anc. et mod., 1885, p. 118).*

Histoire de Jacob et de Daniel, Verdures, Enlèvement des Sabines.

778. *Inventaire des tapisseries et des tableaux trouvés après le décès du chancelier Michel Le Tellier, le 5 novembre 1685 (Revue de l'Art français anc. et mod.,* 1892, p. 112-114).

779. GROUCHY (vicomte de), *Inventaire des tapisseries, tableaux, bustes et armes de Louvois, en 1688 (Bull. de la Soc. de l'Hist. de Paris et de l'Ile de France,* 1894, p. 115-122 et 140-147).

780. *Inventaire des tableaux, dessins et esquisses qui se sont trouvez sous le scellé aposé chez M. Le Brun aux Gobelins, le 10 mars 1690 (Nouv. Arch. de l'Art français,* 1883, p. 134-154).

781. GUIFFREY (Jules), *Inventaire général du Mobilier de la couronne sous Louis XIV.* Paris, 1885-1886, 2 vol. in-8°, pl.

Dans le 1er volume, p. 293 à 418, se trouve l'inventaire des tapisseries et des tapis, avec description des bordures et dimensions. C'est le document le plus important qui existe sur les tentures de l'ancienne collection royale.

782. GUIFFREY (Jules), *Les tapisseries de la Couronne autrefois et aujourd'hui; complément de l'inventaire du Mobilier de la Couronne sous le règne de Louis XIV.* Paris, 1892, in-8° de 56 p. (Extrait de la *Revue de l'Art français,* 1892, p. 1-55).

783. GUIFFREY (Jules), *Destruction des plus belles tentures du Mobilier de la Couronne en 1797 (Mém. de la Soc. de l'Hist. de Paris et de l'Ile de France,* XIV, p. 265-298).

784. FLEURY (P. de), *Inventaire des meubles existant dans les châteaux de La Rochefoucauld, de Vertheuil et de La Terne en 1728.* Angoulême, 1886, in-8° (Extrait du *Bull. de la Soc. arch. et hist. de la Charente).*

Tap. des Bûcherons, p. 9; Histoire de Latone, les comtes de Flandre, p. 48; Histoire de Jacob et de saint Consistant, p. 22; Bestions, Monplaisir, p. 30; Vignerons, p. 38; Grands personnages, p. 54; La Licorne, p. 56; Travaux d'Hercule, p. 63, etc., etc.

785. *Inventaire des meubles de S. A. S. le comte de Toulouse en son château de Rambouillet : tapisseries de Beauvais (Mém. de la Soc. arch. de Rambouillet,* t. VII, 1882-1886).

786. *Mentions de tapisseries extraites de divers inventaires anciens, XVIIe et XVIIIe siècles (Revue de l'Art français anc. et mod.,* 1892, p. 128, 257-260).

787. GUIFFREY (Jules), *Tapisseries énumérées dans divers inventaires du XVII° siècle : duc de la Meilleraye, maréchal d'Humières, cardinal de Polignac, etc., etc. (Revue de l'Art français anc. et mod.,* 1899, p. 59, 183, 253, 277).

788. DES ROBERT (F.), *Les tapisseries du château de Bar (Journal de la Soc. d'archéologie lorraine,* 29° année, 1880, p. 19 et 83).

789. BARBIER DE MONTAULT (X.), *Inventaire descriptif des tapisseries de haute lisse conservées à Rome.* Arras, (1879), in-8° de 116 p., fig. (Extrait des *Mém. de l'Acad. d'Arras,* 1879, p. 175-286).

Addition de M. Richard sur l'achat d'un tapis de haute lisse en 1313.

790. *Inventaire général des richesses d'art de la France : Paris, Monuments civils* (t. IV, 1er et 2e fascicules) : *Inventaire descriptif et méthodique des tapisseries du Garde-Meuble,* par J. GUIFFREY. Paris, Plon, 1900, in-8° de 190 p., avec marques de tapissiers.

791. *Tapisseries appartenant à la ville de Paris,* par M. LENFANT. Paris, 1889, in-8°, 9 pl. en phototypie dont les 5 tapisseries de l'Histoire de saint Gervais et de saint Protais (*Inventaire général des œuvres d'art appartenant à la ville de Paris : Édifices civils,* t. II, p. 371-442).

792. *Jahrbuch der kunsthistorischen Sammlungen des allerhöchsten Kaiserhauses.* Wien, A. Holzhausen, 1883-1886, 4 vol. in-fol., pl.

Les quatre premiers volumes de cette collection renferment le catalogue descriptif des tapisseries de la collection impériale, avec de nombreuses planches en héliogravure.

Le catalogue se trouve dans les volumes des années 1883 (p. 213-248) et 1884 (p. 167-220). Le premier contient 13 planches, le deuxième 24, le volume de 1885 (tome III) 23 planches, et celui de 1885 (t. IV) 15 planches : 75 planches en tout, avec marques et monogrammes dans le texte.

793. ROCK (Rev. Daniel), *Textil fabrics : a descriptive catalogue of the materials and tapestries, forming that section of the Museum.* London, 1870, in-8° de 514 p.

B) *Expositions de tapisseries.*

794. LABORDE (comte L. de), *Conseils aux fabricants : tapis et tentures* (Extrait du *Rapport sur l'Exposition de 1851,* réimprimé dans la *Revue des Arts décoratifs*).

795. *Rapport sur les tapisseries et tapis, toiles cirées vernies et gommées à l'exposition de Londres de 1862.* Paris, 1862-1864, 7 vol. in-8° (t. V).

796. CHOCQUEL (W.), *Les tapis et les tapisseries à l'Exposition universelle de 1862.* Paris, Schiller, 1862, in-16 de 27 p.

797. DARCEL (Alfred), *Les arts industriels à Londres en 1862 : la tapisserie, étoffes (Gaz. des Beaux-Arts,* 1863, t. XIV, p. 82-86).

Il y est question de la lutte éternelle entre peintres et tapissiers.

798. *Exposition des Beaux-Arts appliqués à l'industrie en 1863 : tapisseries prêtées par l'administration du Mobilier de la Couronne et placées dans le grand Salon* (16 pièces); *tapisseries d'Angers* (39 pièces). Paris, 1863, in-12.

799. WEALE (W. H. James), *Catalogue des objets d'art religieux du moyen-âge, exposés à l'hôtel Liedekerke à Malines, septembre 1864.* Malines, 1864, in-8° de xx-160 p.

Section VI : Tapisseries, 51 n°ˢ des églises de Tournai, de Bruges, de Saint-Trond, de Hoogstraeten.

800. MANTZ (Paul) et DARCEL (Alfred), *La Renaissance et les temps modernes. Les tapisseries : Étude sur l'Exposition rétrospective de l'Union centrale en 1865 (Gaz. des Beaux-Arts,* t. XIX, p. 562-568 (1865), et t. XX, p. 72-77 (1866).

801. *Catalogue de l'ancienne collection de Bock sur les tissus et les tapisseries du moyen-âge et de la Renaissance, actuellement au Musée Autrichien.* Paris, 1865, in-12.

802. CHOCQUEL (W.), *Exposition universelle de 1867 à Paris : Rapport sur les tapis d'un usage ordinaire.* Paris, P. Dupont, 1867, in-8°.

803. *London Exhibition 1871 ; Reports. Division II, Part IV : Tapestries, carpets and shawls; Part. VII, Woolen and worsted fabrics.* London, 1871, in-4°.

804. *Album de l'Exposition rétrospective des Beaux-Arts de Tours, mai 1873.* Tours, 1873, in-fol., pl. dont 3 de Saint-Saturnin d'Angers.

805. DARCEL (A.), *Exposition rétrospective de Tours en 1873 : tissus, broderies, tapisseries (Gaz. des Beaux-Arts,* 1873, t. VIII, p. 315-318).

806. *Exposition de tapisseries anciennes au rez-de-chaussée du château de Blois (salles Louis XII).* In-8° de 4 p.

Exp. faite par M. E. Lowengard. Toutes les attributions sont erronées.

807. RIANO (F. T.), *Une exposition de tapisseries : tapisseries de la couronne d'Espagne exposées à l'Escurial* (*L'Art*, 1875, t. I, p. 355).

808. *Catalogue des objets d'art et de curiosité, tableaux, dessins, tapisseries, etc., exposés dans les salles et salons du palais archiépiscopal, le 24 avril 1876.* Reims, 1876, in-8°.

809. GUIFFREY (Jules) et MÜNTZ (A.), *Union centrale des Arts décoratifs, 5e exposition, 1876. Catalogue des tapisseries en 2 parties.* Paris, Debons, 1876, in-12, p. 129-270, avec marques de tapissiers.

810. *Exposition de tapisseries ouverte par l'Union centrale en 1876* (*Chronique des Arts,* 1876, passim).

811. DARCEL (A.), *Exposition de l'histoire de la tapisserie en 1876* (*Gaz. des Beaux-Arts,* 1876, t. XIV, p. 185-204, 273-288, 414-438, avec 12 pl. et marques de tapissiers.

812. PINCHART (Alexandre), *L'histoire de la tapisserie : 5e exposition de l'Union centrale,* 10 pl. hors texte, 4 dans le texte, tapisseries de Madrid (*L'Art,* 1876, t. IV, p. 43 et 173).

813. LEROI (Paul), *Trois jours à Milan ; notes sur les tapisseries exposées à Milan et tirées des palais italiens* (*L'Art,* 1877, t. IV, p. 301-304).

Pl. d'après un tournoi, tapisserie de Florence.

814. MOURCEAU (H.), *Exposition internationale de 1878 : la fabrication des tapis, tapisseries et autres tissus d'ameublement ; rapports du jury international, groupe III, annexe à la classe 21.* Paris, Imp. nat., 1882, in-4° de 142 p.

Tapis de la Savonnerie.

815. MOURCEAU (H.), *Exposition universelle de 1878 : De la nécessité de créer en Algérie une école professionnelle pour la fabrication des tapis d'Orient (Gr. III, cl. 21).* Paris, Imp. nat., 1882, in-4° de 4 p.

816. CROUÉ (H.), *Les tapis, tapisseries et autres tissus d'ameublement à l'Exposition universelle de 1878.* Paris, Imp. nat., 1880, in-8° de 17 p.

Rapports du jury international.

817. Croué (H.), *Exposition universelle de 1878 : les tapis, tapis-series et autres tissus d'ameublement (tapis et tapisseries d'Aubusson et de Windsor).* Paris, Imp. nat., 1880, in-8° de 13 p.

818. Darcel (A.), *Le Moyen-Age et la Renaissance au Trocadéro : la tapisserie [Expos. de 1878] (Gaz. des Beaux-Arts,* 1878, t. XVIII, p. 1005-1010).

819. Biais (Th.), *Les tissus et les broderies au Champ de Mars* [*Expos. de 1878*] (*Gaz. des Beaux-Arts,* 1878, t. XVIII, p. 950-952).

Reproduction de la Séléné de Machard et de la Pénélope de Maillart.

820. Jouin (H.), *Notice historique et analytique des peintures, tapisseries, etc., exposées dans les galeries du Trocadéro en 1878.* Paris, 1879, in-8°.

821. Darcel (A.) et Bréban (Ph.), *Le musée du mobilier national* (*Chronique des Arts,* 1879, p. 256-257, et 1880, p. 43-45).

Ce musée contenait de nombreuses tapisseries.

822. Delpech-Buyet, *Exposition ouverte à Agen en 1879 : Cata-logue raisonné des tapisseries et broderies figurant dans la salle des vitrines.* Agen, 1879, in-8° de 22 p.

Sept pièces d'Esther, de la manufacture d'Aubusson; Diane et Actéon, trois pièces; tapisseries gothiques. L'auteur cherche à établir l'origine des pièces en comptant les *lisses* et les *portées.*

823. *Exposition nationale de 1880 à Bruxelles : catalogue officiel, section IV, classe F, Tapisseries.* Bruxelles, 1880, in-16.

824. Keuller (H. F.) et Wauters (A.), *Les tapisseries historiées à l'Exposition nationale belge de 1880.* Bruxelles, 1881, in-fol.

825. Wauters (Alphonse), *Les tapisseries historiées.* Bruxelles, 1882, in-8°, pl. (Dans *L'Art ancien à l'Exposition nationale belge,* p. 209-240, pl. et marques).

826. Frizzoni (Gust.), *Exposition d'art ancien à Turin : tapisserie de Bruxelles appartenant au roi d'Italie (d'après Téniers),* 1 pl. (*L'Art,* 1880, t. III, p. 100).

827. *Catalogue descriptif des tapisseries exposées au Musée des Arts décoratifs en 1880.* Paris, 1880, in-8° de 29 p.

828. *Exposition de tentures artistiques au palais de l'École des Beaux-Arts ; Catalogue illustré.* Paris, 1881, in-8° de 50 p.

829. WILLIAMSON (E.) et CHAMPEAUX (A. de), *Union centrale des arts décoratifs. Exposition rétrospective de 1882 : catalogue des objets appartenant au service du mobilier national (5 salles de tapisseries et meubles divisées par époques).* Paris, A. Quantin, 1882, in-8° de 63 p.

830. LE BRETON (G.), *Les tapisseries et broderies anciennes à l'Exposition de l'Union centrale des Arts décoratifs de 1882 (Gaz. des Beaux-Arts*, 1882, 2ᵉ série, t. XXVI, p. 140).

831. PENON (Henry), *Le mobilier des siècles passés. Étude du mobilier à l'exposition de l'Union centrale des Arts décoratifs. (Les tapisseries, p.* 101, *Conseils aux amateurs).* Paris, A. Lévy, s. d. (1882); in-12 de 108 p.

832. DARCEL (Alf.), *Exposition de tapisseries à Vienne (Autriche) (Chronique des Arts,* 1883, p. 35-36).

Sur les tapisseries de la collection impériale.

833. WILLIAMSON (E.), *Salles d'exposition permanente du Garde-Meuble: Catalogue.* Paris, 1883, in-12 de 56 p.

Meubles, tapis et tentures du Garde-Meuble soigneusement décrits.

834. WILLIAMSON (E.), *Tapisseries exposées au Palais des Champs-Élysées le 15 septembre 1883; Catalogue.* Paris, 1883, in-12.

835. WILLIAMSON (E.), *Fêtes de l'Arbre de Noël et du jour de l'an (au palais de l'industrie). Hiver 1885-1886. Catalogue illustré des tapisseries du Garde-Meuble.* Paris, Motteroz, 1885, in-12, pl.

836. ERCULEI (R.), *Esposizioni retrospettive e contemporanee di industrie artistiche, 1887; Tessuti e merletti, con brevi penni sull'arte tessile in Italia.* Roma, 1887, in-8°.

Collection de marques de tapissiers exposée par E. Müntz, reproduite à la fin du volume.

837. FRIMMEL (Th.), *Les tapisseries à l'exposition de Salzbourg : 6 pièces de l'Ancien Testament (Chronique des Arts,* 1888, p. 238).

838. WÖLZ (Dᵣ Aloïs), *Beiträge zur Geschichte der Gobelins im Dome zu Trient (Mittheilungen der K. K. Central-Commission,* XIV, p. 15-18).

Ces tapisseries sont de Peter de Arsetll (Arsettiis), Bruxelles.

839. MARBOUTY (Camille), *Les tapisseries et les broderies à l'exposition de Limoges.* Limoges, Ducourtieux, 1889, in-8° (Extrait du *Bull. de la Soc. arch. et hist. du Limousin*, XXXV, p. 547-587, 1 pl.).

840. *Société d'art et d'industrie de la Loire : exposition artistique, industrielle et commerciale, février-mars 1889.* Saint-Étienne, au Palais des Arts, in-8° de 40 p.

45 tapisseries des Gobelins, 17 de Beauvais : étoffes, soieries, broderies.

841. *Exposition universelle de 1889. Catalogue officiel : tome III, groupe III, mobilier et accessoires.* Lille, 1889, in-8°.

Les tapis et tapisseries forment la classe 21 (23 pages).

842. *Exposition universelle de 1889. Catalogue général officiel : manufactures nationales.* Lille, Danel, 1889, in-8°.

843. *Exposition universelle de 1889. Exposition rétrospective de l'art français au Trocadéro.* Lille, Danel, 1889, in-8° (*Tapisserie*, p. 110-114, 196-200, 279-281).

844. Havard (Henry), *L'exposition universelle de 1889 : les tissus d'ameublements (tapisseries, etc.)*, 2 pl. (*Gaz. des Beaux-Arts*, 1889, t. II, p. 424-432).

845. Mannheim (Jules), *L'exposition rétrospective d'objets d'art français au palais du Trocadéro, III : la tapisserie* (*L'Art*, 1889, t. II, p. 125).

846. *Exposition rétrospective de Tours en 1890. Catalogue des objets exposés.* Tours, Deslis, 1890, in-12 (*Tapisseries*, p. 78-86 ; *Broderies*, p. 87-95).

847. Palustre (Léon), *Exposition rétrospective de Tours, 1890 : tapisseries du XVe et du XVIe siècles* (*Gaz. des Beaux-Arts*, 1890, t. IV, p. 80-81).

848. Williamson (E.), *Musée du Garde-Meuble. Catalogue (tapisseries).* Paris, 1892, in-12 de 104 p.

849. Mazerolle (F.), *L'exposition d'art rétrospectif de Madrid en 1893 : les tapisseries* (*Gaz. des Beaux-Arts*, 1893, t. IX, p. 148-163 et pl.).

850. Farcy (L. de), *Notes sur l'exposition rétrospective d'Angers.* Angers, Lachèse, 1893, in-4° de 49 p. (*Les tapisseries et les broderies*, p. 4 à 33).

851. *Exposition industrielle de 1895 à Strasbourg. Exposition rétrospective alsacienne et lorraine à l'Orangerie.* Strasbourg, Muller, 1895, in-8°.

Ch. XII : Tissus, tapisseries alsaciennes et broderies, n°s 857-884.

852. *Catalogue des objets d'art et de curiosité, tableaux, dessins, tapisseries, etc., exposés dans les salles et salons du palais archiépiscopal de Reims.* 2ᵉ édition avec supplément. Reims, 1895, in-16.

853. JADART (Henri), *A travers l'exposition rétrospective de Reims en 1895 : tapisseries, broderies et étoffes* (*Soc. des Beaux-Arts des départements*, 1896, t. XX, p. 183-185).

854. GUIFFREY (Jules), *Les tapisseries à l'Exposition universelle de 1900 à Paris* (*Gaz. des Beaux-Arts*, 3ᵉ période, XXIV, 1900, p. 89-103 et 222-236, pl.).

Réunion des articles parus dans la *Gazette* en 1900 sous le titre : *Les Beaux-Arts et les Arts décoratifs à l'Exposition universelle de 1900.*

855. CALMETTES (Fernand), *Exposition universelle de 1900 : Les tissus d'art : I. Tapisseries françaises; II. Tapisseries modernes; III. Dentelles* (*Revue de l'Art anc. et mod.*, 1900, t. II, p. 237-256, 333-350, 405-409, et 26 pl.).

856. *Catalogue des objets d'art exposés au pavillon royal d'Espagne à l'Exposition universelle de 1900.* Paris, 1900, in-8º de 36 p.

857. DESTRÉE (Jos.), *Étude sur les tapisseries exposées à Paris en 1900 au petit Palais et au pavillon d'Espagne* (*Annales de la Soc. d'archéol. de Bruxelles*, XVII, 1903, p. 5-62 et 15 pl.).

858. LEBORGNE (Ferdinand), *Exposition universelle de 1900. Rapports du jury international. Classe 70 : Tapis, tapisseries et autres tissus d'ameublement.* Paris, Imp. nat., 1901, in-8º de 274 p.

859. *Exposition d'archéologie religieuse dans la chapelle du Christ, à la cathédrale d'Angers, du 15 août au 15 septembre 1901. Catalogue contenant la description complète et les légendes de la vie de saint Guillaume, duc d'Aquitaine, et fragment de la vie de saint Florent.* Angers, 1901, in-8º de 30 p.

860. BÖTTIGER (Dr John), *Nordiska Museets-urställning af väfda Tapeter 1902 utställningen anordnad och katalogen affattad af Dr John Böttiger.* Stockholm, 1902, in-4º, 2 pl. et nombreuses marques.

L'exposition comprenait 110 tapisseries anciennes de toutes provenances et 215 ouvrages modernes.

861. FENAILLE (Maurice), *Catalogue de l'exposition des tapisseries des Gobelins ou des manufactures parisiennes après 1600, exposées*

au grand palais des Champs-Élysées, en août-novembre *1902*, à l'occasion du *3ᵉ* centenaire de la fondation de la manufacture des Gobelins. Paris, 1902, in-12 et pl.

862. Guiffrey (Jules), *Deux expositions de tapisseries : Stockholm et Paris 1902* (*L'Art*, 1902, p. 445-447, 10 pl.).

V. — Ventes de tapisseries

863. *Tapisseries de la succession de la duchesse de Nemours sur les dessins de Jules Romain, représentant l'Histoire d'Abraham, exposées en vente* (*Journal de Verdun*, mars 1711, p. 164).

864. Coll. de M. de Beringhem, 1770. *Tenture de 10 aunes de cours en quatre pièces de tap. de Beauvais, représentant une Chasse, d'après J.-B. Oudry*. Bibl. nat., 8° V 36 (1504).

865. Vente du 9 juin 1777. *Deux tap. des Gobelins, représentant l'Enlèvement d'Europe et le Ravissement de Proserpine ; neuf panneaux de l'Histoire de Don Quichotte, à fond cramoisi ; deux sujets : Renaud et Armide, Noces d'Angélique et de Médor ; paravant de six feuilles à cartouches de fleurs en tapisserie ; trois tap. de Beauvais, fables de Phèdre et de La Fontaine ; trois tap. de Beauvais, Pastorales ; sept tap. de Beauvais, Amours des Dieux ; autres tap. de Beauvais, deux canapés et six fauteuils à bergers et bergères*. Bibl. nat., 8° V 36 (1684).

866. *Vente de tap. des Gobelins en l'an XI : Esther, Jason, Portières* (*Journal de Paris*, 14 nivôse an XI).

867. Vente de J.-J. de Faesch (Amsterdam), 11 juin 1833. *Trois tap. des Gobelins à fond rose, sujets d'après Boucher, entourées de guirlandes de fleurs et d'oiseaux* (haut. 3ᵐ7). Bibl. nat., 8° V 36 (2905 ᵇⁱˢ).

Ces pièces furent vendues 171, 105 et 142 florins.

868. Vente du 7 mars 1841. *Notice de quatre superbes tentures de salon en tap. des Gobelins, données en cadeau dans le siècle dernier par Louis XV*. Bibl. nat., 8° V 36 (3394).

Quatre pièces de la suite des *Résidences royales* (haut. 3ᵐ33) : Versailles, Marly (?), Monceaux, Vincennes.

869. Vente de février 1843. *Tapisseries des Gobelins, représentant Saturne, tissée d'argent [d'après Audran ; cinq tap. des Gobelins*

arabesques, fleurs et figures; cinquante-huit tap. de Beauvais, scènes flamandes, bohémiennes, Neptune et Amphitrite, chasse au faucon, etc., etc. Bibl. nat., 8° V 36 (3583).

870. Vente de février 1850. *Sept tap. des Gobelins, sujets chinois; cinq tap. des Gobelins, sujets d'après Watteau; un canapé et six fauteuils à médaillons genre Boucher.* Bibl. nat., 8° V 36 (4427).

871. Vente de mars 1850. *Deux belles tap. des Gobelins (??), les Tireurs d'arc et les Joueurs de ballon, d'après Téniers.* Bibl. nat., 8° V 36 (4447).

872. Vente des 29-30 mars 1850. *Quatre belles tap. des Gobelins(?): une d'elles représente l'Entrée de Titus à Jérusalem; les trois autres, des sujets de la Fable.* Bibl. nat., 8° V 36 (4458).

873. Vente des 25-28 novembre 1850. Coll. de M. Fouquiaux. *Six tap. de Beauvais représentant des paysages avec fêtes villageoises d'après Téniers, provenant du château d'Annet [sic].* Bibl. nat., 8° V 36 (4527).

874. Vente du 26 avril 1851. *Six belles tap. des Gobelins, représentant de riches sujets tirés des douze mois de l'année, ornés de personnages en costume du temps de Henri II, avec bordures quadrillées sur fond d'azur (provenant de Versailles).* Bibl. nat., 8° V 36 (4649).

875. Vente du 28 janvier 1852. Coll. de Louis-Philippe. *Catalogue des tap. anciennes des Gobelins XVIe et XVIIe siècles) et autres et tapis provenant de la succession du feu roi Louis-Philippe, dont la vente aura lieu rue de Chartres du Roule, n° 1, au Domaine de Monceaux, le mercredi 28 janvier 1852, heure précise de midi.* Paris, A. Guyot et Scribe, 1852, in-12.

876. Vente des 1-3 mars 1852. Coll. du duc de Stacpoole. *Tap. de Beauvais représentant le Triomphe de Bacchus, Fête à Bacchus; deux meubles de salon de dix-sept et de vingt pièces.* Bibl. nat., 8° V 36 (4744).

877. Vente du 18 mai 1852. *Catalogue de 4 tableaux de Boucher et de remarquables tapisseries de Beauvais.* Bibl. nat., 8° V 36 (4805).

Ces quatre tapisseries, relatives à la guerre de l'Indépendance d'Amérique, sont peut-être celles qui appartiennent aujourd'hui à M. Gaston Ménier. Elles étaient accompagnées de 2 canapés et 12 fauteuils.

878. Vente du 4 janvier 1853. Coll. de M. Raveral. *Une tapisserie de Beauvais, Chasse Louis XV (n° 89).* Bibl. nat., 8° V 36 (4918).

879. Vente des 14-17 mars 1853. Coll. de Mme de Païva. *Grand meuble de salon en tap. de Beauvais, composé d'un canapé à quatre médaillons, deux fauteuils bergères, deux sièges à coussins, quatre fauteuils et quatre chaises, six rideaux de croisée et six paires de portières en tap. de Beauvais.* Bibl. nat., 8° V 36 (4938).

880. Vente du 23 mai 1853. Coll. Martin Hermanowsks. *L'Enlèvement d'Orithie par Borée, d'après Vincent, tap. des Gobelins, signée Claude père et Cauzette, datée de l'an XI; deux tap. de Beauvais, sujets de l'histoire de Don Quichotte.* Bibl. nat., 8° V 36 (5035).

881. Vente des 20-21 mars 1854. Coll. de Mme Gentil de Chavagnac. *Quatre grandes tap. des Gobelins représentant les Quatre parties du Monde* (haut. 3^m40) *et un meuble composé d'un canapé et huit fauteuils, décorés des fables de La Fontaine, en tap. des Gobelins; six fauteuils et un canapé en tap. de Beauvais.* Bibl. nat., 8° V 36 (5163).

882. Vente du 2 avril 1861. Coll. de la comtesse Lehon. *Tap. de la suite des Résidences royales: 1° Château de Versailles* (haut. 1^m90); *2° Château de Chambord* (haut. 2^m40). Bibl. nat., 8° V 36 (5769).

883. Vente du 18 avril 1861. Coll. de M. Strauss. *Tap. des Gobelins représentant une scène d'Armide. Signée : Coypel et Audran, anno 1735* (haut. 4^m). Bib. nat, 8° V 36 (5777).

884. Vente du 20 avril 1863. Coll. du château de Fonbeauzard (Haute-Garonne). *Trois tap. représentant le Printemps, l'Été, l'Automne, Narcisse se mirant dans une fontaine, toilette de Diane, Renaud et Armide, Apollon vainqueur du serpent Python; meuble en tap.* Bibl. nat., 8° V 36 (5883).

885. Vente du 27 juillet 1863. Coll. de M. V..., ancien receveur-général de Maine-et-Loire. *Le retour de la pêche, tap. d'après Téniers; Christ en croix, tap. des Gobelins (?); deux meubles composés chacun d'un canapé et six fauteuils, avec sujets tirés des Fables de La Fontaine; cinq panneaux en tap. de Beauvais dont trois de l'histoire de Télémaque, une Esther et Assuérus; écran et canapé en tap. de Beauvais; quatre panneaux de Beauvais, la Musique, la Danse, la Chasse et la Pêche; cinq autres panneaux de Beauvais; un panneau de Beauvais, portrait de Lekain; canapés, gondoles et autres sièges.* Bibl. nat., 8° V 36 (5891).

886. Vente du 7 mai 1864. Coll. du duc de Modène. *Notice de vingt-quatre magnifiques tapisseries anciennes avec six bordures, trois*

mosaïques de Florence, trois tableaux ; six tapisseries de l'histoire de Scipion, exécutées à Mantoue ; Massacre des Centaures, d'après Zuccaro ; quatre paysages d'après van Kessel ; sept sujets de l'histoire de Salomon, d'après Rubens et Jordaens, datés de 1625 ; cinq sujets de Jason d'après Jordaens ; sacrifice du patriarche Isaac.

887. Vente du 16 mars 1865. *Vingt-quatre tap. des Gobelins, de Beauvais et d'Aubusson, etc.; sept tap., sujets tirés de la Jérusalem délivrée, histoire de Tancrède, Clorinde et Herminie* (haut. 3ᵐ33, larg. 2ᵐ, 2ᵐ50, 3ᵐ); *six pièces de Beauvais : Jeux d'enfants; sujets champêtres, paysages, sujets de l'Écriture sainte, Syphax fait prisonnier par Scipion.*

888. Vente du 13 décembre 1865. *Tapisseries anciennes des Flandres, de Beauvais, d'Aubusson et autres, meubles en tapisserie.*

Chasse au lion, époque Louis XIII.

889. Vente du 19 décembre 1866. *Tap. des Gobelins représentant un sujet d'après Van der Meulen, bordure à fleurs de lis, avec le chiffre de Louis XIV, tissée d'argent ; tap. des Gobelins, sujet mythologique, avec or et argent ; tap. aux armes du cardinal de Richelieu avec sujet allégorique ayant trait à l'histoire du Cardinal; bordure avec des emblèmes nautiques.* Bibl. nat., 8° V 36 (6070).

890. Vente du 27 décembre 1866. *Tap. des Gobelins (?) représentant la Danse de Flore et le Repas des Dieux, personnages demi nature* (haut. 4ᵐ). Bibl. nat., 8° V 36 (6074).

891. Vente du 8 avril 1867. Coll. Labbé. *Trois tap. des Gobelins(?) fond rouge, avec décor d'arabesques, niches avec personnages, animaux et médaillons à figures, d'après Bérain et Le Brun.* Bibl. nat., 8° V 36 (6127).

892. Vente du 18 juin 1867. *Vingt-quatre belles tapisseries des XVIᵉ et XVIIᵉ siècles, etc. : dix sujets de l'Écriture, avec signature ou initiales de Mighiel Wauters; trois Saisons; cinq sujets de l'histoire des Apôtres, XVIᵉ siècle ; quatre sujets de l'histoire romaine; conversion de saint Paul; saint Hubert.*

893. Vente du 23 janvier 1869. *Vingt-quatre tap. anciennes, sur la vie et les conquêtes de Cyrus, etc.*

Les quinze premières, relatives à l'histoire de Cyrus, sont annoncées comme de l'ancienne fabrique de Bourges (?). Les neuf autres sont des sujets variés ou des fragments.

894. Vente du 25 janvier 1869. *Tap. des Gobelins, époque Louis XIV, représentant les Arts, riche bordure ; quatre tap. des Gobelins (?), d'après Berrain; une tap. des Gobelins, sujet de Méléagre.* Bibl. nat., 8° V 36 (6214).

895. Vente du 26 février 1869. *Tap. de Beauvais : un canapé, six fauteuils, un écran et quatre panneaux représentant les fables de La Fontaine.*

896. Vente des 22-24 mars 1870. Coll. de San Donato. *Catalogue des objets d'art... (tapisseries).* Paris, 1870, in-8°.

897. Vente du 11 mars 1872. *Six très belles tap. des Gobelins du temps de Louis XIV, dont cinq représentent des sujets champêtres figurant chacun un mois de l'année (mois Lucas) signées L. F. [Lefebvre] et la sixième une entrée triomphale à Rome.*

898. Vente du 27 mars 1872. *Tap. des Gobelins représentant des sujets champêtres, signées Boucher, 1756, etc., etc. : trois sujets champêtres, réunions dans un parc, de Beauvais; le Renard et les raisins, signé Oudry 1750, Besnier et Oudry à Beauvais ; tapisserie décorée de trois médaillons à sujets champêtres Louis XV ; cinq sujets mythologiques de Flandres; vingt-deux tapisseries de Flandres.*

899. Vente du 18 avril 1872. *Quatre grandes et belles tap. à personnages d'après Jules Romain (Triomphes), etc., etc.*

900. Vente du 24 janvier 1873. Coll. Béjot de Meaux. *Tap. de Beauvais du temps de Louis XVI, etc. : quatre panneaux à corbeilles de fleurs, draperies et ornements; six rideaux avec perroquets; cinq lambrequins et embrasses.*

901. Vente du 17 février 1873. Coll. du vicomte d'A... *Anciennes tap. des Gobelins, de Beauvais et d'Aubusson, meubles de salon Louis XV et Louis XVI couverts en tapisserie, etc.: cueillette des pommes et concert instrumental, d'après Lancret (Gobelins); quatre sujets chinois d'après Leprince ; quatre verdures d'Aubusson, signées :* M. R. d'Aubusson, F. Picon; *onze panneaux avec attributs, danses, etc., d'Aubusson, style Louis XV, signés :* Roby le jeune.

902 Vente du 25 mars 1873. *Six tap. des Gobelins d'après Bérain et autres jolies tapisseries à médaillons d'après Boucher.*

Danseurs de corde, éléphant et danseuses, dompteur d'animaux, danseurs, offrande à Bacchus, concert, médaillons à sujets champêtres reliés par des guirlandes, des trophées, etc.

903. 1873. Coll. D. W. *Catalogue des tableaux et des tapisseries.*
Paris, 1873, in-8°, 9 phot.

904. Vente du 27 février 1875. *Tap. de premier ordre de Beauvais,
d'Aubusson, de Bruxelles et des Flandres : cinq tap. de Beauvais
style Louis XIV à médaillon de la Justice et des Saisons, tissées d'or ;
une tap. d'Aubusson, scène rustique, attribuée* à Picon ; *douze sujets
de l'histoire d'Alexandre, d'après Rubens, signés :* F. Raes.

905. Vente du 10 mars 1875. Coll. du prince Paul Galitzin.
*Canapé en tap. des Gobelins à sujets tirés des fables de La Fontaine ;
quatre tap. des Gobelins (?), composition de Berain* (haut. 2^m77) ;
*Portière des Renommées ; autres bandes et panneaux à sujets de
Berain ; panneau aux armes de Phélypeaux ; panneau en tap. de
Beauvais aux armes du maréchal de Boufflers, signé : J. B. Oudry,
1735.* Bibl. nat., 4° V 36 (182).

906. Vente du 5 avril 1875. *Quatre panneaux en tap. de Beauvais
à bordures rouges, sujets empruntés aux fables de La Fontaine :
Renard et Corbeau, Tortue et les deux Canards, Renard et Cigogne,
Loup et Agneau.* Bibl. nat., 4° V 36 (191).

907. Vente du 9 avril 1875. *Tap. anciennes, guipures, filets
italiens, etc.*

Une scène de Don Quichotte, Histoire d'Isaac et Rébecca, trois sujets
chinois, trois compositions dans le goût de Boucher.

908. Vente du 8 mai 1875. *Catalogue de trente-deux tapisseries,
etc., le tout arrivant de l'étranger.*

Tap. de Ferrare, d'Audenarde, de Bruxelles, avec marques.

909. Vente du 14 mai 1875. *Tap. de Beauvais (?) : Chasse au cerf
du temps de Henri IV, surmontée d'un écusson accosté de licorne
et de lion.* Bibl. nat., 8° V 36 (6702).

910. Vente du 16 novembre 1875. *Belles étoffes, etc., grandes et
belles tap. des XVIe, XVIIe et XVIIIe siècles.*

Histoire du roi David avec inscription allemande et la date de 1597,
l'Hiver avec patineurs et traîneau, Fables de La Fontaine.

911. Vente du 13 décembre 1875. *Deux tap. de Beauvais, histoire
de Diane et Endymion, époque Louis XIV ; quatre autres panneaux
de Beauvais, bergers et bergères, personnages divers.* Bibl. nat.,
8° V 36 (6763).

912. Vente des 21-22 mars 1876. Coll. L. R. *Série de huit belles tap., sujets d'après D. Téniers, meuble de salon en tap. de Beauvais.*

913. Vente du 24 mars 1876. *Remarquable collection de tapisseries, d'étoffes brodées des XVIe, XVIIe et XVIIIe siècles appartenant à M. P...* Bibl. nat., 4° V 36.

Scènes orientales, d'après Le Prince.

914. Vente du 15 avril 1876. *Trois tap. de Beauvais (?) avec scènes tirées de l'Histoire de Don Quichotte.* Bibl. nat., 8° V 36 (6898).

915. Vente du 12 avril 1876. *Douze tap. de Beauvais de l'époque Louis XVI, sujets pastoraux surmontés de trophées de musique et d'attributs divers placés entre des colonnes corinthiennes reliées aux trophées par des festons de fleurs.* Bibl. nat., 8° V 36 (6912).

916. Vente du 24 avril 1876. Coll. C. G. *Trente-quatre tapisseries des XVIIe et XVIIIe siècles, objets d'art, etc.*

Quatre épisodes de l'Enfant prodigue, avec la marque M. R. d'Aubusson, Jugement de Pâris, Mars et Vénus, Histoire d'Alexandre.

917. Vente du 15 novembre 1876. *Tap. de Beauvais très fine représentant Vénus et les Amours par F. Boucher (le cat. dit Foucher).* Bibl. nat., 4° V 36 (355).

918. Vente du 12 décembre 1876. *Cinq tapisseries des Flandres, tenture de Vulcain, appartenant à M. Frantz Jourdain, meuble de salon Louis XVI, recouvert en tapisserie de Beauvais, petite tapisseri Louis XIV (siège d'une ville).*

919. *Vente de neuf tapisseries de l'hospice d'Auxerre (Chronique des Arts,* 1876, avril, p. 152.

Ces tapisseries sont aujourd'hui au musée de Cluny.

920. Vente des 7-20 avril 1877. Coll. de Berwick et d'Albe. *Tableaux par Vélasquez, Murillo, Rubens; soixante-quinze tapisseries de premier ordre, en partie tissées d'or et d'argent.*

Vingt-quatre reproductions de tapisseries, dont les Victoires du duc d'Albe ; marques de tapissiers reproduites en fac-similé.

921. Vente du 18 mai 1877. *Tap. de la suite des Mois Lucas : jeu du tric-trac et jeu de cartes, fonds de paysage couvert de neige, quatre pièces de la Tenture des Indes [chasseur, taureaux, pêcheurs chameau], signées Le Blond ; la 2e datée 1753.* Bibl. nat., 4° V 36 (488),

922. Vente du 31 mai 1877. Coll. de la marquise de Montebello. *Tap. des Gobelins représentant la Moisson* [*des Mois Lucas*] (haut. 4ᵐ). Bibl. nat., 4° V 36 (498).

923. Vente du 26 décembre 1877. *Tap. des Gobelins* (?) *époque Louis XIV* (?), *représentant un combat naval, bordure imitant un cadre.* Bibl. nat., 4° V 36 (539).

924. Vente du 15 mars 1878. *Cinq tap. à personnages et à fleurs* (*Chronique des Arts*, 1878, p. 109, note de A. Darcel).

925. Vente des 1-5 avril 1878. Coll. du marquis d'... *Tap. de Beauvais, d'après Boucher, représentant Vertumne et Pomone, signée à gauche : F. Boucher, 1751.* Bibl. nat., 8° V 36 (7590).

926. Vente du 3 avril 1878. *Tap. de Beauvais* (?), *époque Louis XV, représentant Télémaque et Calypso, bordures sur trois côtés.* Bibl. nat., 8° V 36 (7587).

927. Vente du 4 avril 1878. Coll. du comte d'Hane-Steenhuyse. *Bronzes d'ameublement, tentures en anciennes, tap., tableaux.* Gand, in-8°, 10 phot.

928. Vente des 27-28 juin 1878. Coll. du comte de Merinville. *Tap. des Gobelins représentant le palais des Tuileries, Louis XIV à cheval dans des médaillons ; Achille à Scyros, pièce donnée par Louis XVI au cardinal de Rohan ; autres médaillons ; château de Versailles de la suite des Résidences royales, signé :* Gobˢ *Monmerqué ; cinq tap. de Flandres à sujets d'après Téniers ; verdures et tap. d'Aubusson.*

929. Vente du 24 juillet 1878. *Trois tap. des Gobelins de l'Histoire d'Alexandre : 1° bataille d'Arbelles ; 2° fragment du passage du Granique ; 3° partie du Triomphe d'Alexandre* (haut. 3ᵐ60). Bibl. nat., 4° V 36 (667).

930. Vente des 21-22 février 1879. *Tap. gothiques du XVᵉ siècle et autres, dont quatre de très belle qualité, tissées d'or, etc.*

Scènes de mariage, réception par un souverain, scène tirée d'un roman de chevalerie, tapisseries italiennes.

931. Vente du 24 février 1879. *Belles tap. des Gobelins, de Beauvais et autres fabriques.*

Passage du Granique ; Téniers ; panneau signé : P. van den Hecke ; cinq pièces provenant du château de la Meilleraie ; deux combats de cavaliers ; sujets de chasse et de pêche.

932. Vente des 2-9 avril 1879. *Tap. de Beauvais* (?) *représentant le Triomphe d'Amphitrite, bordure à mascarons et ornements.* Bibl. nat., 4° V 36 (761).

933. Vente du 1ᵉʳ décembre 1879. *Deux tapisseries de Beauvais de l'histoire de Psyché, d'après Boucher : 1° la toilette de Psyché (appelée dans le cat. toilette de Vénus)*; *2° Psyché transportée dans le palais de l'Amour (sujet appelé les Divertissements de Vénus).* Bibl. nat., 4° V 36 (792).

934. Vente des 26-27 décembre 1879. *Tap. d'Aubusson à personnages, à sujets et à fleurs de l'ancienne manufacture d'Aubusson, etc.*

Enlèvement d'Endymion; histoire de Télémaque; sujet chinois; peintures de Lagrenée, Jeaurat, Leclerc, modèles de tap.

935. Vente du 27 janvier 1880. *Deux belles séries de tapisseries anciennes, l'une (de 5 pièces) à sujets mythologiques (signée : Albert Auwercx), l'autre à sujets d'après Téniers.*

936. Vente du 15 mars 1880. Coll. de San Donato. *Tapisseries anciennes.* Paris, 1880, in-4°.

937. Vente du 27 décembre 1880. *Magnifiques tapisseries du temps de Louis XIV à sujets d'après Coypel, etc.*

Triomphe d'Amphitrite ; Bacchus et Ariane; Flore et Zephire, signé : G. Werniers. E. F.

938. Vente des 7-8 février 1881. *Belles tap. des époques Louis XIII et Louis XIV, etc.*

Histoire d'Achille, signée Vanderborcht. — Chez Mᵐᵉ Ed. André (?).

939. Vente des 11-12 avril 1881. *Importante collection de tap. des Gobelins, de la suite des Dieux, et autres de la suite dite des châteaux, etc., d'après Audran.* Bibl. nat., 4° V 36 (823).

Bacchus, signé G. Cozette; Bacchus retourné (basse lisse ?); Cérès; Bacchus, même sens que la première; château de Saint-Germain; château des Tuileries; Histoire de Joseph, des Flandres, etc. — Voyez sur cette vente la *Chronique des Arts*, 1881, p. 142-144, art. de A. Darcel.

940. Vente du 7 mai 1881. *Belles tap. des Gobelins et de Flandres, de la Renaissance et du temps de Louis XIV, dont deux aux armes de Colbert, deux Triomphes (d'Alexandre et d'Amphitrite) et une bataille d'Alexandre ; autres à sujets variés.*

941. Vente du 9 juin 1881. *Belles tap. de la Renaissance et des époques Louis XIV, Louis XV et Louis XVI, meubles, etc.*

Panneau aux armes d'Orange ; Vulcain implorant les dieux ; Mars et Vénus pris dans les filets de Vulcain ; mort de Cléopâtre.

942. Vente du 3 février 1882. Coll. de Mme Blanc. *Seize tapisseries : Énée aux enfers, Télémaque, histoire d'Alexandre.*

943. Vente du 8 avril 1882. *Belle tap. du XVe siècle, tissée d'or, objets d'art.* In-8°, 1 pl.

944. Vente du 26 avril 1882. Coll. de la vicomtesse de L... *Cinq tap. de Beauvais de l'époque Louis XIV à sujets champêtres et trophées, pastorale, pêche, chasse, plaisirs champêtres ; plus quatre panneaux d'entre-deux, un meuble à sujets de personnages, composé de un canapé, une causeuse et six fauteuils.* Bibl. nat., 4° V 36 (966).

945. Vente du 10 juin 1882. *Vingt-quatre belles tap. Renaissance et des époques Louis XV et Louis XVI, riches portières. etc.*

Neuf panneaux de Beauvais avec fables de La Fontaine ; quatre tap. de Beauvais à oiseaux ; quatre tap. Renaissance à sujets militaires ; sept panneaux d'Aubusson à sujets bibliques. L'un est signé : Furgaud de Lavergne fecit 1788. M. R. D.

946. Vente du 27 avril 1883. Coll. du comte Ed. de Viel-Castel. *Tap. des Gobelins représentant Vulcain, de la suite des Mois grotesques de Claude Audran.* Bibl. nat., 4° V 36 (980).

947. Vente du.... 1883. *Suite de neuf panneaux en tapisserie de Beauvais du temps de Louis XVI, décorés chacun d'un médaillon ovale renfermant un sujet tiré des fables de La Fontaine* (haut. 2^m30) ; *un meuble composé d'une ottomane, deux canapés, douze fauteuils, époque Louis XVI ; quatre verdures de Beauvais avec oiseaux, deux sont signées :* Merou à Beauvais (haut. 3^m05). Bibl. nat. 8° V 36 (8971).

948. Vente du 30 janvier 1884. Coll. du baron de Gunzbourg. *Tap. des Gobelins et autres.* Bibl. nat., fol. V 36 (42).

Cinq Don Quichotte vendus 140.000 fr. (à Don François d'Assise) ; les Mois grotesques d'Audran 62.500 fr. ; tap. de la Renaissance et de Bruxelles.

949. Vente du.... 1884. *Deux tap. des Gobelins représentant des scènes de l'histoire de Don Quichotte, sur fond jaune.* Bibl. nat., 8° V 36 (9365).

950. Vente des 2-3 avril 1884. *Meubles anciens et modernes, tapisseries anciennes, etc.*

951. Vente du 12 avril 1884, à Rome. *Seize magnifiques tap. Louis XV, provenant de l'ancien palais du général B. de Pavie.*

Trois tap., histoire d'Alexandre (autres que celles de Le Brun); quatre tap. histoire d'Alexandre (de Le Brun); six sujets bibliques; quatre sujets Watteau. — [Ces désignations paraissent un peu suspectes .

952. Vente du 20 avril 1884. Succession de Mme Obert. *Tap. des Gobelins, époque Louis XV, représentant la réception du Grand-Mogol, bordure rocaille et fleurs.* Bibl. nat., 8° V 36 (9479).

953. Vente du 24 avril 1884. Coll. du comte de M..., château de Beauchan. *Tap. de Beauvais du XVIII° siècle, représentant Diane et Endymion ; panneau en tap. de Beauvais, couronnes, guirlandes de fleurs et rinceaux.* Bibl. nat., 4° V 36 (997).

954. Vente du 5 mai 1884. Palais de G... en Espagne. *Trente-six magnifiques tap. de Bruxelles tissées en or, argent et soie, exécutées et signées par les premiers maîtres tapissiers des Flandres.*

955. Vente du 15 mai 1884. *Quatre très belles tap. des Gobelins(?) représentant les principaux épisodes des Amours de Daphnis et Chloé, signées Jans et Lefebvre, d'après les cartons de Benoît Audran (lisez Ant. Coypel).* Bibl. nat., 4° V 36 (1000).

956. Vente du 13 mars 1885. *Belles tap. des XVII° et XVIII° siècles, bronzes d'art, etc.*

Histoire d'Alexandre ; Télémaque ; Les Titans, tap. signée : Billet, à Valenciennes.

957. Vente du 11 mai 1885. Coll. Alice Howard. *Somptueux mobilier, meubles anciens, magnifiques tapisseries, tableaux...* In-8°, 6 pl.

958. Vente du 23 avril 1885. Coll. Caraman-Chimay. *Cinq fauteuils en tap. de Beauvais, à vase et bouquets de fleurs sur fond blanc, encadrés d'ornements et de coquilles.* Bibl. nat., 4° V 36 (1148).

959. Vente du 27 avril 1885. Coll. de Mme Lucie Dekerm. *Quatre tap. des Gobelins rehaussées d'argent, représentant divers sujets mythologiques ou sujets de la Fable : 1° Amour et Psyché ; 2° Ronde de danseurs ; 3° Psyché et l'Amour au bain ; 4° Mercure avec Flore, Pomone, Cérès, avec dressoir chargé de vaisselle à droite.* Bibl. nat., 4° V 36 (1149).

960. Vente des 24-25 avril 1885. Coll. de M. L.... *Magnifiques*

tap. de la Renaissance et du XVIIIe siècle ; cinq tap. Histoire de Troie, Flandres, Renaissance, 1 pl. (désignation des sujets); *sept tap. Louis XIV : Histoire d'Ulysse* (1 pl.); *cinq tap. Louis XIII : Renaud et Armide* (1 pl.), *avec bordure à enfants et cartouches ; tap. d'après Téniers.*

961. Vente du 18 mai 1885. Coll. du comte de La Béraudière. *Tap. des Gobelins, époque Louis XIV, tissée avec de l'argent, représentant un écusson armorié, soutenu par deux lions héraldiques, avec panoplies et trophées d'armes, bordure de guirlandes de fleurs ; écran en tap. de Beauvais, la Cueuillette des cerises.* Bibl. nat., 4° V 36 (1151).

962. 1885. *Catalogue des collections Van der Straelen-Moens-Van Lerius à Anvers (Tapisseries).* Anvers, in-4°, pl.

963. Vente du 6 février 1886. *Canapé en tap. de Beauvais, époque Louis XVI ; le dossier représente Télémaque poussé à la mer par Mentor, tandis que les Nymphes de Calypso incendient son navire et trois fauteuils à personnages.* Bibl. nat., 4° V 36 (1153).

964. Vente des 5-13 avril 1886. Coll. Lafaulotte. *Objets d'art, de curiosité et d'ameublement, tapisseries.* Paris, in-4°, 25 pl.

965. Vente des 28-29 mai 1886. Coll. Laurent Richard. *Deux tap. Renaissance à sujets bibliques ; trois tap. à sujets de Berain, trois sujets de bataille temps de Louis XIV ; deux tap. signées D. Leyniers D. L., la Paix et la Guerre ; onze tap. de Flandres, sujets de Téniers ; deux sujets champêtres de Beauvais, etc.* (4 pl.).

966. Vente de mai 1886. Coll. Ch. Stein. *Deux tap. des Gobelins, d'après Audran, signées Jans des Gobelins : Flore et Zéphire et la Course d'Atalante, dans de riches encadrements composés d'ornements, surmontés de draperies, d'oiseaux et autres animaux,* pl. Bibl. nat., fol. V 36 (47).

967. Vente des 13-18 décembre 1886. Coll. du château de Langeais. *Tap. des Gobelins : Portière des Renommées ; le Repas dans la forêt, de la suite des Chasses de Maximilien ; Chasseurs armés d'épieux, de la même suite.* Bibl. nat., 8° V 30 (10012).

968. Vente des 25-26 avril 1887. Coll. Minot, de Saint-Jean-d'Angely. *Quarante tap. anciennes, surtout d'Aubusson et de Felletin.* Trois pièces dans le genre de Van der Meulen ; tap. d'Aubusson et de Felletin, signées : 1. Darliac ; autres, signées : M. R. D. F., F. Chassaigne ; M. R. D. F., M. Maure.

969. Vente du 23 mai 1887. *Magnifiques tap., dont cinq de la Renaissance, rehaussées d'or ; six du temps de Louis XIV, au petit point, avec rehauts d'argent ; cinq tap. de Bruxelles : Histoire de Vulcain (désignation des sujets); Allégories à la Paix, à la Guerre, au petit point, etc.*

970. Vente des 3-4 juin 1887. Coll. de Mme de Nadaillac. *Belles tap., etc. (Tap. Louis XIV, Renaissance, Portières).* Gr. in-8°, 2 pl.

971. Vente des 6-10 juin 1887. Coll. R. Richards. *Catalogue des objets d'art et de haute curiosité..., belles tapisseries, étoffes,* pl.

Tap. du xve siècle et de la Renaissance, 1 pl.

972. Vente du... juin 1887. Coll. Richards Raoul. *Objets d'art et de haute curiosité du Moyen-Age et de la Renaissance, etc., Tapisseries.* In-4°, 11 pl.

973. Vente du 15 décembre 1887. *Belles tap. gothiques, Renaissance, Louis XII et autres, etc.*

Tap. avec or et argent du temps de François Ier : Triomphe d'un Empereur, etc.

974. Vente du 30 septembre-6 octobre 1888. Coll. du Plessis Macé. *Tapisseries et objets d'art.* In-4°, planches.

Tapisseries du xve siècle provenant de l'abbaye du Ronceray, à Angers. Tapisseries des Gobelins, de Lille et d'Aubusson, meubles en tapisserie, 60 n^os.

975. Vente du 24 novembre 1888. *Quatre tap. flamandes représentant des scènes d'équitation, signées : Peters Wauters.*

976. Vente des 21-22 décembre 1888. *Belles tap., panneau des Gobelins (?) à décor dit de Bérain ; deux tap. Renaissance ; suite de quatre tapisseries flamandes à jolies bordures.*

Quatre tap. flamandes du xviie siècle dans le goût de Van Thulden, avec Diane, Cérès et nymphes dans des paysages (1 pl.), deux chasses au cerf, costume Louis XII.

977. Vente de juillet 1889. Coll. Secrétan. *Cinq magnifiques tap. des Gobelins (?) du temps de la Régence, représentant des scènes d'acrobates, des danseurs, des acteurs de la comédie italienne, etc., d'après Berain, sur fond havane clair.* Bibl. nat., in-4° V 36 (1117).

978. Vente des 7-9 mai 1890. Coll. Legriel. *Belles tap. de Beauvais, d'Aubusson et des Flandres, sujets d'après Boucher, Huet, Watteau, J. Vernet et Picon.*

La partie de quilles ; à la fontaine ; le Colin-Maillard ; tempêtes, conquêtes et batailles.

979. Vente des 19-20 mai 1890. Coll. Baldairoux. *Belles tap. des XVe, XVIe, XVIIe et XVIIIe siècles.*

Tap. gothiques, de la Renaissance, Louis XIII, de Bruxelles et d'Aubusson.

980. Vente des 5-6 décembre 1890. *Étoffes et tapisseries, etc...*

Tap. de Renaud dans les jardins d'Armide, sept personnages ; Amours et Renommées en grisaille dans les bordures ; scènes champêtres, etc.

981. Vente des 4-6 février 1891. *Magnifiques tap. des Gobelins, d'Aubusson et de Bruxelles, très beau mobilier ancien et de style, etc.*

Deux Chancelleries ; Tour de Babel ; histoire de Salomon ; Esther (?) ; Verdures.

982. Vente des 10-12 mars 1891. Coll. de Leemans. *Une planche représentant les Jeux de l'Enfance (tap. de Lille) ; tap. de Bruxelles du XVIe siècle.*

983. Vente des 20-24 avril 1891. Coll. Pinçon de Valpinçon. *Objets d'art et d'ameublement..., tableaux anciens..., tapisseries.* Paris, in-4°, 5 pl. doubles.

984. Vente des 21-22 mai 1891. *Trente-quatre belles tapisseries des XVIe XVIIe et XVIIIe siècles, etc.*

Téniers, la Pêche ; Psyché implorant Junon : Siège d'un château fort ; Animaux.

985. Vente du 13 juin 1891. Coll. du comte de B... *Suite de cinq tap. gothiques de la fin du XVe siècle.*

986. Vente du 17 février 1892. *Quarante tap. anciennes.*

987. Vente du 19 février 1892. *Belles tap. des XVIe et XVIIe siècles.*

988. Vente des 22-23 février 1892. *Deux belles tap. anciennes.*

989. Vente du 31 mars 1892. Coll. Chardon. *Objets d'art, remarquables tap. des XVe, XVIe, XVIIe et XVIIIe siècles.* Gr. in-8°, 4 pl.

990. Vente des 20-23 avril 1892. *Belles tap. des Gobelins et des Flandres : tap. de Bruxelles aux armes de Guillaume III ; trois tap. des Gobelins avec écusson ducal ; quatre sujets de chasses ; un sujet des Chasses de Maximilien (copie par les Gobelins).* 2 pl.

991. Vente des 12-13 mai 1892. *Magnifiques tap. de Bruxelles tissées d'or, d'argent et de soie, époque Louis XIV, etc.*

L'Abondance, tap. de Bruxelles ; Entrée d'Alexandre dans Babylone, avec or, argent et soie, inspirée de Le Brun, Bruxelles.

992. Vente du 25 mai 1892. *Tap. gothiques et des Gobelins (?)* *(deux phototypies), dont le Pillage : Passion du Christ; trois tap. sujets allégoriques; scène de pillage, dit le pillage du Palatinat; combat de cavalerie ; Chancellerie.*

993. Vente du 30 mai 1892. Coll. de Mme d'Yvon. *Tapisseries remarquables des Gobelins et de Beauvais, panneaux de la Savonnerie, meubles et tentures en tapisserie au point.*

Douze phototypies de tapisseries, meubles et tentures, dont quatre doubles montrant les quatre faces du salon garnies de leurs tentures.

994. Vente du 12 novembre 1892. *Quatre belles tapisseries du XVIIIe siècle (d'Aubusson).*

Danses champêtres ; la balançoire; la fontaine.

995. Vente du 14 novembre 1892. *Tap. anciennes, garnitures de sièges.*

Entrée de Jésus à Jérusalem, marque M. R. 1609 ; six tapisseries de singeries : singes à la chasse : combat naval de singes; siège de place; verdures nombreuses.

996. Vente du 1er décembre 1892. *Belles tap. des XVIe, XVIIe et XVIIIe siècles, etc.*

Gombaut et Macé; Diane à la chasse ; tap. de Bruxelles : Divinités dans un paysage, signée : H. Reydams ; deux Don Quichotte dans des cadres dorés; 9 tap. d'Aubusson : tap. de Bruxelles, signée : G. V. Leefdael, xviiie siècle.

997. Vente du 8 avril 1893. *Belles tap. des Gobelins et des Flandres, etc.*

Tap. d'après Bérain : danse ; départ pour le marché, xviiie siècle; fêtes champêtres; allégorie de la Force et de l'Abondance; sujets mythologiques.

998. Vente du 17 avril-16 juin 1893. Coll. Spitzer. *Objets d'art et de haute curiosité, tapisseries, etc.* 2 vol. in-fol. et album de 68 grandes planches.

999. Müntz (E.), *La collection des tapisseries de M. Spitzer (Gaz. des Beaux-Arts,* 1881, t. XXIII, p. 377-395, 7 pl.).

1000. Lebreton (Gaston), *Collection Spitzer : les étoffes et les broderies (Gaz. des Beaux-Arts,* 1883, t. XXVIII, p. 334-345, 2 pl. de tap.).

1001. Vente du 5 mai 1893. *Six remarquables tap. du XVIe siècle, représentant des scènes du Nouveau Testament; tapisserie du XVIIIe siècle à sujet mythologique, etc.*

La Création, 80 fig.; le Christ inspirant la Foi, 58 fig.; allégories à la vie du Christ, 86 fig.; le combat des Vices et des Vertus, 33 fig.; le Triomphe du christianisme, 138 fig.; le Jugement dernier, 104 fig.; tap. de Bruxelles.

1002. Vente du 16 juin 1893. Coll. Dode de la Brunerie. *Magnifique mobilier de salon en tap. de l'époque Louis XVI.* In-4°, 3 pl.

1003. Vente des 20-21 février 1894. *Magnifiques tap. des XVIe, XVIIe et XVIIIe siècles, etc.; deux salons en tapisserie Louis XIII et Louis XVI, etc.*

Chasse ; mariage d'un roi ; bataille ; mort de Cléopâtre, tissée d'argent ; bataille d'Alexandre.

1004. Vente des 12-13 mars 1894. Coll. de Mme Ridel.

Trois scènes d'après Téniers ; saint Paul et saint Barnabé ; tap. hollandaise.

1005. Vente du 10 mai 1894. Coll. Edg. de Pommereau. *Beaux objets d'art et d'ameublement, etc., tapisseries.* In-4°, 5 pl.

1006. Vente du 2 décembre 1895. *Merveilleuse tapisserie du XVIe siècle tissée en soie, or et argent.*

Elle représente l'Intempérance : Bacchus sur un char traîné par des animaux chimériques, précédé de Silène sur son âne, procession de reîtres portant des victuailles.

1007. Vente du 21 mai 1896. Coll. de Mlle de Choiseul. *Objets d'art et de riche ameublement, etc. Tapisseries, tableaux,* 6 pl.

1008. Vente du 18 juin 1896. Coll. du château de Châlais. *Tap. anciennes des XVe, XVIe et XVIIe siècles (48 tapisseries).*

1009. Vente du 15-20 juin 1896. Coll. de M. Ch. L... *Belles tap. des Gobelins* (5 pl.) ; *une tap. des Mois de l'année, février ; tap. genre Berain; tap. aux armes de France et de Navarre; diverses autres pièces des Gobelins; canapé et six fauteuils en tap. de Beauvais; attributs champêtres, emblèmes de l'amour, corbeilles, fleurs, etc.* Bibl. nat., 4° V 36 (1243).

1010. Vente de juin 1896. Coll. D(reyfus) de G(onzalès). *Tap. des Gobelins représentant le Renouvellement de l'Alliance avec les Suisses, de l'Histoire du Roi; trois portières d'après Audran, deux Bacchus et une Cérès* (3 pl.); *mobilier de salon à sujets militaires de Casanova.* Bibl. nat., fol. V 36 (66).

1011. Vente des 22-24 février 1897. Coll. de Goncourt. *Tap. des Gobelins d'après Natoire, Vénus descend du ciel demander à Vulcain le bouclier d'Énée, bordure simulant un cadre; meuble de salon en tap. de Beauvais, composé d'un canapé et huit fauteuils, avec sujets tirés des fables de La Fontaine.* Bibl. nat., 4° V 36 (1250).

1012. Vente du 29 mars-10 avril 1897. Coll. J. Pichon. *Tap. des Flandres et des Gobelins.*

Pièces du xvi° siècle; tap. de Cadillac; le château de Fontainebleau (1 pl.); modèles de Don Quichotte.

1013. Vente du 12 avril 1897. Coll de la comtesse de La Fernonnays. *Tableaux; magnifiques tap. des Gobelins de l'époque Louis XIV; meubles.* In-4°, 5 pl.

1014. Vente du 7 mai 1897. Coll. du comte Horace de Choiseul. *Objets d'art et d'ameublement, etc., belles tapisseries, tableaux anciens.* 8 photog.

1015. Vente du 18 mai 1897. Coll. H. Braquenié. *Belles tap. anciennes des Gobelins et de Bruxelles; quatre pièces de la tenture des Indes, autres des ateliers de Lefebvre, de la Planche et G. Peemans* (10 pl.).

1016. Vente du 18 mai 1897. Coll. de Mme van den Eynde. *Tableaux, porcelaines, tapisserie Louis XV, meuble de salon Louis XVI.* In-4°, 28 pl.

1017. Vente du 31-9 juin 1897. Coll. Gavet. *Importante collection d'objets d'art, etc., tableaux, tapisseries.* 73 pl.

1018. Vente du 29 avril 1898. Coll. du comte Jacques de Bryas. *Trois tap. des Gobelins (ou Beauvais) du temps de la Régence, galerie à balustres, arcades surmontées d'une treille, niche avec le dieu Terme; meuble de salon, deux canapés et six fauteuils à bouquets, signés M. Mercier et Roger; autres meubles.* Bibl. nat., fol. V 36 (72).

1019. Vente des 9-12 mai 1898. Coll. P. Eudel. *Tap. représentant le Triomphe de la Prudence* (1 pl.); *bandes en tap. des Gobelins; paravent à trois feuilles, de Beauvais.*

1020. Vente du 3 juin 1898. Coll. Meynier. *Trois belles tap. de Beauvais du XVIIIe siècle, compositions d'Audran.*

Trois planches : Pomone, Flore et Zéphyr dans un entourage à colonnettes, bordure formée de rubans enroulés, lis autour d'une baguette.

1021. Vente du 29 juin 1898. Coll. du Dr Péan. *Quatre magnifiques tap. des Gobelins du temps de Louis XV, de la tenture dite des Scènes d'Opéra, d'après Ch. Coypel, exécutées par Michel Audran; six très belles cantonnières en ancienne tap. de Beauvais.*

Roxane et Atalide; Renaud endormi, 1765 ; Psyché abandonnée, 1765 ; Athalie et Joas, 1763; 5 phot.

1022. Vente du 26 mai 1898. *Quatre magnifiques tap. des Gobelins du XVIIIe siècle, de la tenture dite des Dieux, compositions de Claude Audran, etc.*

Quatre planches représentant Cérès, Bacchus, Junon, Saturne, ou les Quatre Saisons.

1023. Vente des 20-21 mai 1898. *Tap. des Gobelins et autres.*

L'Éléphant de Berain, 1 pl.; Triomphe de Neptune, des Flandres, 4 pl.; deux sujets de Téniers : la Danse et la Pêche, atelier de P. van den Hecke, 2 pl.; Amours s'envolant, tap. des Gobelins, 1 pl.; trois panneaux Louis XVI, tap. d'Aubusson, 1 pl.

1024. Vente du 29 mai 1899. Coll. du château de Valençay. *Tap. des Gobelins représentant l'Enlèvement d'Europe, d'après Boucher, bordure moderne; quatre panneaux de Beauvais; meuble de salon Louis XVI, composé de deux canapés et douze fauteuils, sujets d'après Casanova.* Bibl. nat., fol. V 36 (78).

1025. Vente du 8 juin 1899. Coll. Ch. Stein. *Objets d'art, tapisseries, tableaux.* In-4°, 29 pl.

1026. Vente du 25 novembre 1899. Coll. Alex. Pallavicino, duc de Grimaldi. *Superbes tapisseries des Gobelins, d'après Coypel, etc.* Gênes, in-4°, 25 pl.

Les quatre tapisseries représentant les scènes d'Opéra, de Coypel, très belles et bien conservées, atteignirent le prix de 590.000 francs.

1027. Vente du 2 décembre 1899. *Catalogue des tableaux anciens..., tap. anciennes des Gobelins et autres..., de la succession du duc de Talleyrand, Valençay et Sagan.*

Trois tap., dont une de la tenture des Indes, pl.

1028. Vente des 8-9 mars 1900. Coll. Nicolas Alexeinith Stoly-pine. *Cat. d'objets d'art... tapisseries des XVIe et XVIIe siècles.*

1 pl. représentant la tap. d'Hippomène et Atalante.

1029. Vente du 24 mars 1900. Coll. de Gaussan près Narbonne. *Quinze tap. des XVIe XVIIe et XVIIIe siècles,* 2 pl.

1030. Vente du 26 avril 1900. Coll. du château de B... *Cat. des six magnifiques fauteuils en tapisserie de Beauvais du XVIIIe siècle, à sujets d'après Boucher et J.-B. Oudry ; meuble de salon et cinq panneaux en tapisserie d'Aubusson de l'époque Louis XV.* In-4°, 4 pl.

1031. Vente du 25 mai 1900. Coll. Cernuschi. *Tableaux, bois sculptés, tapisseries.* In-4°, 19 pl.

1032. Vente des 18-23 juin 1900. Coll. Albert Gérard. *Faïences et porcelaines anciennes, etc., tapisseries, étoffes.* Paris, in-4°, 23 pl.

1033. Vente du 6 juillet 1900. Coll. Charcot. *Tapisseries, tableaux anciens et modernes.* In-8°, 3 pl.

1034. Vente du 17 décembre 1900. *Tableaux anciens et modernes, tapisseries, etc., de la collection Dupont, de Bruxelles.*

Les Quatre saisons, tap. de Bruxelles, 2 pl.

1035. Vente du 16-18 avril 1901. Amsterdam, hôtel de Brakke. *Antiquités, meubles, porcelaines, etc., provenant de diverses successions.*

Pl. représentant une grande verdure.

1036. Vente du 20 mai 1901. *Notice d'une suite de six tapisseries flamandes du XVIIe siècle.*

Sujets de chasses et paysages.

1037. Vente des 19-20 juin 1901. *Anciennes tap. flamandes.*

Sujets de chasse ; Renaud et Armide ; pièce signée II. Rydams ; autre signée E. Leyniers.

1038. Vente des 20-25 mai 1901. Coll. de Somzée. *Tap. du XVe et du XVIIe siècles.* In-fol., 37 pl. de tap.

1039. Vente du 14 décembre 1901. Coll. P. Duret. *Tableaux, meubles, tap. (de Bruxelles et du temps de Henri IV).*

1040. Vente des 16-19 décembre 1901. Coll. J. Lassalle. *Tableaux, objets d'art, tap. des XVIIe et XVIIIe siècles.*

Tap. flamandes et de Beauvais : festin des Dieux ; toilette de Vénus ; histoire de Diane ; Roi et sa cour ; Berger et bergères ; fleurs.

1041. Vente de Rainneville, du 14 au 16 avril 1902. *Objets d'art et d'ameublement, sièges en tapisserie : six fauteuils vendus 5700 fr.; six fauteuils Louis XV, 16500 fr.; six fauteuils Louis XV, 19500 fr.; meuble de salon d'Aubusson, 8000 fr.*

1042. Vente des 22-23 avril 1902. Coll. Denière. *Magnifiques tapisseries des Gobelins et de Beauvais, important mobilier, etc.*

Deux tapisseries de Beauvais, d'après Berain ; une pièce d'après Oudry ; deux tap. des Gobelins ; 1 planche.

1043. Vente des 28-30 avril 1902. *Katalog von Hugo Helbing der vorzüglichen Sammlungen Hofrat Dr G. J. von R. in K. Gustav Bader, Mulhausen. Tapis, étoffes, tapisseries.*

Une planche de tapisserie.

1044. Vente du 29 avril 1902. Coll. de Laulanié. *Meuble de salon et neuf panneaux en ancienne tapisserie d'Aubusson, etc., provenant du château de Sainte-Croix (Dordogne).* 2 pl.

1045. Vente des 27-28 mai 1902. *Tableaux et objets d'art, tapisserie : Histoire de Noé, époque Renaissance ; scène de chasse et pendant, XVIIe siècle ; portière, oiseau dans un paysage, d'Aubusson.*

1046. Vente des 29-30 mai 1902. Coll. du Dr L. de Saint-Germain. *Deux tap. du XVIe siècle, 12500 fr.; Cour d'amour, tap. du XVe siècle, 14000 fr.; tap. du XVIe siècle, roi de France et sa cour, 2660 fr.; deux guerriers combattant, Flandre XVIe siècle, 2300 fr.*

1047. Vente des 28-31 mai 1902. Coll. de Mlle B. Grimault. *Meuble de salon, canapé et neuf fauteuils couverts en tap. Louis XVI à médaillons blancs, 29500 fr.; deux coussins en tap. Louis XV, 3200 fr.*

1048. Vente des 2-7 juin 1902. Coll. Valtesse de la Bigne. *Salon en tap. d'Aubusson, canapé, quatre bergères et douze fauteuils Louis XV, 12000 fr.; meuble de salon en Aubusson, canapé et six fauteuils Louis XVI, 8900 fr.; deux fauteuils, tap. d'Aubusson, 2450 fr.*

1049. Vente du 10 juin 1902. Coll. Miallet. *Tap. de Beauvais XVIIIe s. : la musique ; le Boudeur, d'après Greuze, signé Cozette 1776 ; deux tableaux de fleurs de Beauvais.*

1050. Vente du 12 juin 1902. *Tapisseries du XVIIe siècle : six*

pièces de Beauvais, atelier de Béhagle, sujets de Téniers, 28000 fr.;
quatre tap. de Beauvais, à oiseaux et animaux dans des paysages,
XVIIe siècle, 24000 fr.

1051. Vente de décembre 1902. Coll. Lelong. *Antiquité, Moyen-*
Age et Renaissance : objets d'art, tapisseries, tableaux, XVe et
XVIe siècles, France et Flandres (9 pl. de tap. et tapis).

1052. Vente des 15-16 décembre 1902. Coll. de Mme veuve
H. Braquenié. *Panneaux décoratifs, tableaux, tapisseries, meubles,*
objets d'art.

Modèles des douze mois d'Audran, modèles de Geets pour l'hôtel de
ville de Bruxelles et de Mazerolle pour le foyer de l'Opéra ; 5 tap. flamandes
du xviie siècle, d'après Van Thulden : histoire d'Achille ; tap. modernes, 2 pl.

1053. Vente des 12-14 janvier 1903. Coll. Deleuze. *Mobilier et*
objets d'art : tap. des Gobelins représentant Joas et Athalie d'après
A. Coypel, par Neilson, 1781, pl.

1054. Vente des 20-22 avril 1903. Coll. du comte de Chaudordy.
Meubles en tap.; tapisseries des Gobelins, 4 pl.

Moïse sauvé des eaux et autres pièces d'après Simon Vouet.

1055. Vente des 27 avril-28 mai 1903. Coll. de Mme Lelong. *Objets*
d'art, etc., paravent en tapis de la Savonnerie, tap. des Gobelins et
de Beauvais et autres, sièges en tap., 3 vol. in-4° pl.

1056. Vente du 17 novembre 1903. Coll. H. A. Insinger Van Loon.
Les aventures de Télémaque, fils d'Ulysse, représentées en cinq tap.
de la manufacture de Bruxelles. Amsterdam, 1903, in-fol., 5 pl.

1057. Vente des 3-4 décembre 1903. Coll. de Mme A... *Objets*
d'art, tapisseries des Gobelins et de Beauvais, tapis de la Savonnerie.

Meubles en tap. de Beauvais; la prise de Marsal, tissée d'argent;
Alexandre et la famille de Darius, d'Aubusson.

1058. Vente du 25 février 1904. Collection de M. H.-J. M***.
Meubles en tapisserie, deux tap. de Bruxelles.

Levée des filets, débarquement du poisson, signé : P. v. d. Borcht, 1 pl.

1059. Vente des 3-4 mai 1904. Coll. Rougier, de Lyon. *Curiosités,*
meubles et tap. flamandes : Descente d'Énée aux enfers, Résur-
rection, Triomphe d'Amphitrite, 2 pl.

1060. Vente du 5 mai 1904. Coll. de Mme Andrieu (de Nevers).

Tapisseries pour sièges Louis XV et Louis XVI; anciennes tap. pour sièges Louis XV et Louis XVI; anciennes tap. flamandes, 22 pièces et fragments.

1061. Vente du 6 mai 1904. Coll. de la baronne de Gargan. *Objets d'art, tableaux, tapisseries.*

Cinq panneaux de Beauvais, sujets orientaux, l'un signé Béhacle; Triomphe de David, de Delft, signé *F. Spiringius fecit;* trois tap. de l'Histoire de Diane, de Comans (Diane se plaignant à Jupiter; mort des enfants de Niobé ?).

1062. Vente des 10 et 11 mai 1904. Coll. de Mme N. Nieuwstraten *Sièges couverts en anciennes tapisseries.*

6 panneaux d'Aubusson; fables de La Fontaine; verdures.

1063. Vente du 13 mai 1904. *Deux tapisseries des Gobelins : Histoire de don Quichotte, le repas de Sancho, Sancho et la duchesse* (entrefenêtre), 2 pl.

1064. Vente des 17-21 mai 1904. Coll. de la Princesse Mathilde. *Huit tapisseries des Jeux d'enfants, fabrique de Bruxelles, d'après des modèles italiens,* 1 pl.

1065. Vente du 24 mai 1904 et jours suivants. Coll. L. de Somzée, 3e partie. *Objets d'art, tapisseries, broderies, planches.*

Tap. de Bruxelles : Bethsabée, le Mariage de Mestra, la Tempérance. Tap. de Padoue, de l'atelier Barberini, 8 pl. de tap.

1066. Vente des 8-16 juin 1904. Coll. Émile Gaillard. *Tapisseries flamandes des XVe et XVIe siècles,* 7 pl.

Les Vendanges, le Calvaire, Pastorale, Vie de sainte Ursule, Verdures, etc. (n°s 761-807 du cat.).

Additions

1067. BOSSEBŒUF (Abbé L.), *La manufacture de tapisseries de Tours (Mém. de la Soc. arch. de Touraine,* XLIII, 1904, p. 173-362 et pl.).

1068. GERSPACH (L.), *Les bordures de la tapisserie des Actes des Apôtres d'après Raphaël* [Communication faite au Congrès international des sciences historiques de Rome en 1903] (*Les Beaux-Arts,* 1ᵉʳ et 15 nov., 1ᵉʳ et 15 déc. 1903, 1ᵉʳ et 15 janv. et 1ᵉʳ février 1904, nᵒˢ 11-17).

1069. AVENEL (vicomte G. d'), *Tapis et tapisseries [Gobelins et Savonnerie] (Revue des Deux-Mondes,* 1ᵉʳ avril 1904, p. 613-643).

1070. *** *Un chef d'œuvre qui se fait à l'envers; étude sur les tapisseries des Gobelins (Lectures pour tous,* février 1904, p. 391-400 et fig.).

1071. PAIS (Ant.), *Tapisseries tissées d'après les cartons de Van Orley, représentant les épisodes de la bataille de Pavie, et retrouvées au musée de Naples (Les Arts,* janvier 1904, p. 17-25, 16 fig.).

1072. FENAILLE (Maurice), *État général des tapisseries de la manufacture des Gobelins, depuis son origine jusqu'à nos jours (1600-1900).* Tome II; période de Louis XIV (1662-1699). Paris, Hachette, 1903, in-4° de x-434 p. et 100 pl.

Le 3ᵉ volume comprendra la période de 1700 à 1789; le 4ᵉ ira de 1789 à 1900. Le premier volume (1601 à 1662) débutera par l'Introduction générale. Chacun de ces volumes aura de 50 à 100 pl. en héliogravure.

1073. CALMETTES (Fernand), *La loi de la tapisserie (Rev. de l'art anc. et mod.,* août 1904, t. XVI, p. 105-121, 8 pl.).

1074. CALMETTES (Pierre), *Les Gobelins (Dans l'Art pour tous,* par Louis Lumet. Paris, 1904, in-12, p. 65-86).

1075. CASELLA (Georges), *Les Gobelins (Dans la Revue illustrée,* 1904, 1ᵉʳ octobre, 10 pl.).

1076. BOUSSON (Ernest), *La manufacture nationale de tapisserie de Beauvais.* Beauvais, 1904, in-8°, 22 p., pl.

1077. DESTRÉE (Joseph), *Tapisseries françaises des musées royaux (Bull. des Musées royaux des arts décoratifs et industriels,* Bruxelles, n° 7, avril-juin 1904, 9 pl.).

1078. GUIFFREY (Jules), *Les tapisseries de Malte : l'église Saint-Jean, le Palais du Gouvernement (Gaz. des Beaux-Arts,* 1904, t. II, p. 299-310 et 406-422, pl.).

27 t. de Josse de Vos et 10 pièces de la tenture des Indes.

1079. MATER (D.), *Les anciennes tapisseries de la cathédrale de Bourges (Mém. de la Soc. des Antiquaires du Centre,* 1903, t. XXVII, p. 329-339, 1 pl.).

1080. Wauters (A. J.), *Jean van Roome, dit Jean de Bruxelles, peintre de Marguerite d'Autriche* [a exécuté des cartons de tapisserie] (*La Gazette de Bruxelles*, 21 septembre 1904).

1081. Montarlot (Léon de), *Les tapisseries de Chéret* (*Monde illustré*, 2 juillet 1904, 3 pl.).

1082. Farcy (Louis de), *Un atelier pour la reproduction des anciennes tapisseries : Couvent des religieuses de Champfleur, près Le Mans* (*Revue de l'art chrétien*, 1904, t. XV, p. 309-314).

1083. Vente du 19 au 27 octobre 1904. Coll. Bourgeois frères, à Cologne. *Objets d'art et de haute curiosité.*

Tapisseries, nᵒˢ 1374-1384; trois sujets de Gombaut et Macé, 1 pl.

TABLE ALPHABÉTIQUE

Les noms de personnes sont en petites capitales ; les noms de lieux et de sujets de tapisseries en italiques ; atel. signifie atelier ; coll., collection ; dessin., dessinateur ; exp., exposition ; grav., graveur ; hist., histoire ; peint., peintre ; t., tapisseries ; tap., tapissier.

W

TABLE DES MATIÈRES

MANUELS DE BIBLIOGRAPHIE HISTORIQUE

I. — LES ARCHIVES DE L'HISTOIRE DE FRANCE

PAR

M. Ch.-V.-LANGLOIS
Archiviste-paléographe, professeur-adjoint
à la Faculté des lettres de Paris.

M. H. STEIN
Archiviste-paléographe,
Archiviste aux Archives nationales.

1 vol. in-8° de xix-1000 pages, broché...... **18 fr.**
Le même, relié toile, non rogné.............. **20 fr.**

II. — MANUEL DE BIBLIOGRAPHIE GÉNÉRALE

(BIBLIOTHECA BIBLIOGRAPHICA NOVA)

PAR HENRI STEIN

1 volume in-8° (xx-895 pages)................... **18 fr.**
Le même relié toile, non rogné................. **20 fr.**

Trois appendices terminent le volume :
1° Liste raisonnée des localités du monde entier qui ont possédé une imprimerie avant le xixe siècle.
2° Répertoire des tables générales de périodiques de toutes langues.
3° Répertoire des catalogues d'imprimés des principales Bibliothèques du monde.

III, — LES SOURCES DE L'HISTOIRE DE FRANCE

I. Epoque primitive. — Mérovingiens et Carolingiens
II. Epoque féodale. — Les Capétiens jusqu'en 1180. — III. Les Capétiens 1180-1328.
IV. Les Valois, 1328-1461. — V. Introduction générale. — Valois (suite) 1461-1494.

PAR AUGUSTE MOLINIER

5 vol. in-8°, chacun, brochés .... **5 fr.**
—   —   reliés toile.................... **7 fr.**

La table des matières générale aux 5 fascicules paraîtra en mars 1905.

MANUEL DE PALÉOGRAPHIE LATINE ET FRANÇAISE

DU VIe AU XVIIe SIÈCLE

SUIVI D'UN DICTIONNAIRE DES ABRÉVIATIONS

PAR MAURICE PROU, professeur à l'Ecole nationale des Chartes

avec 23 fac-similés en phototypie

Paris, 1892, 2e édition, 1 vol. in-8°, broché, planches .... **12 fr.**

RECUEIL DE FAC-SIMILÉS D'ÉCRITURES DU Ve AU XVIIe SIÈCLE

(Manuscrits latins, français, provençaux) accompagnés de la transcription par MAURICE PROU, professeur à l'Ecole des Chartes, 50 planches contenant 63 documents et texte. 1 vol. in-4° .... **20 fr.**

ULYSSE CHEVALIER. — **Répertoire des sources historiques du moyen-âge.**
Bio-Bibliographie, nouvelle édition, refondue, corrigée et considérablement augmentée.
Fasc. 1-3 : **A. Frédéric,** Gr. in-8°, col. 1-1600. En souscription, chacun... **7 fr. 50**
Le prix du fascicule sera porté à **10** *francs à l'apparition du huitième et dernier fascicule.*

BIBLIOGRAPHIES PUBLIÉES :

LES SOURCES DE L'HISTOIRE DE FRANCE

ARRAS, RÉPESSÉ-CRÉPEL ET FILS, IMPRIMEURS

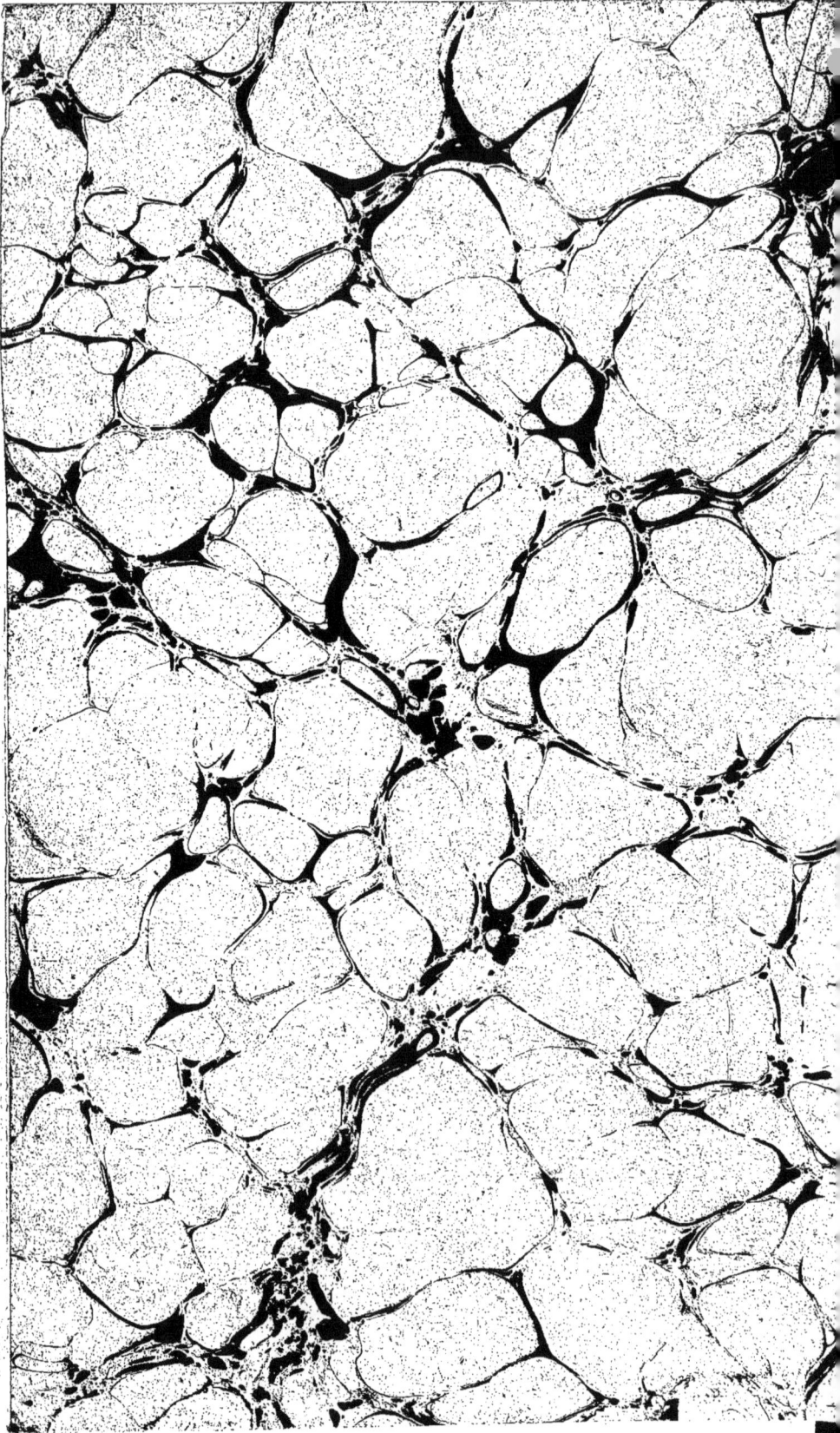

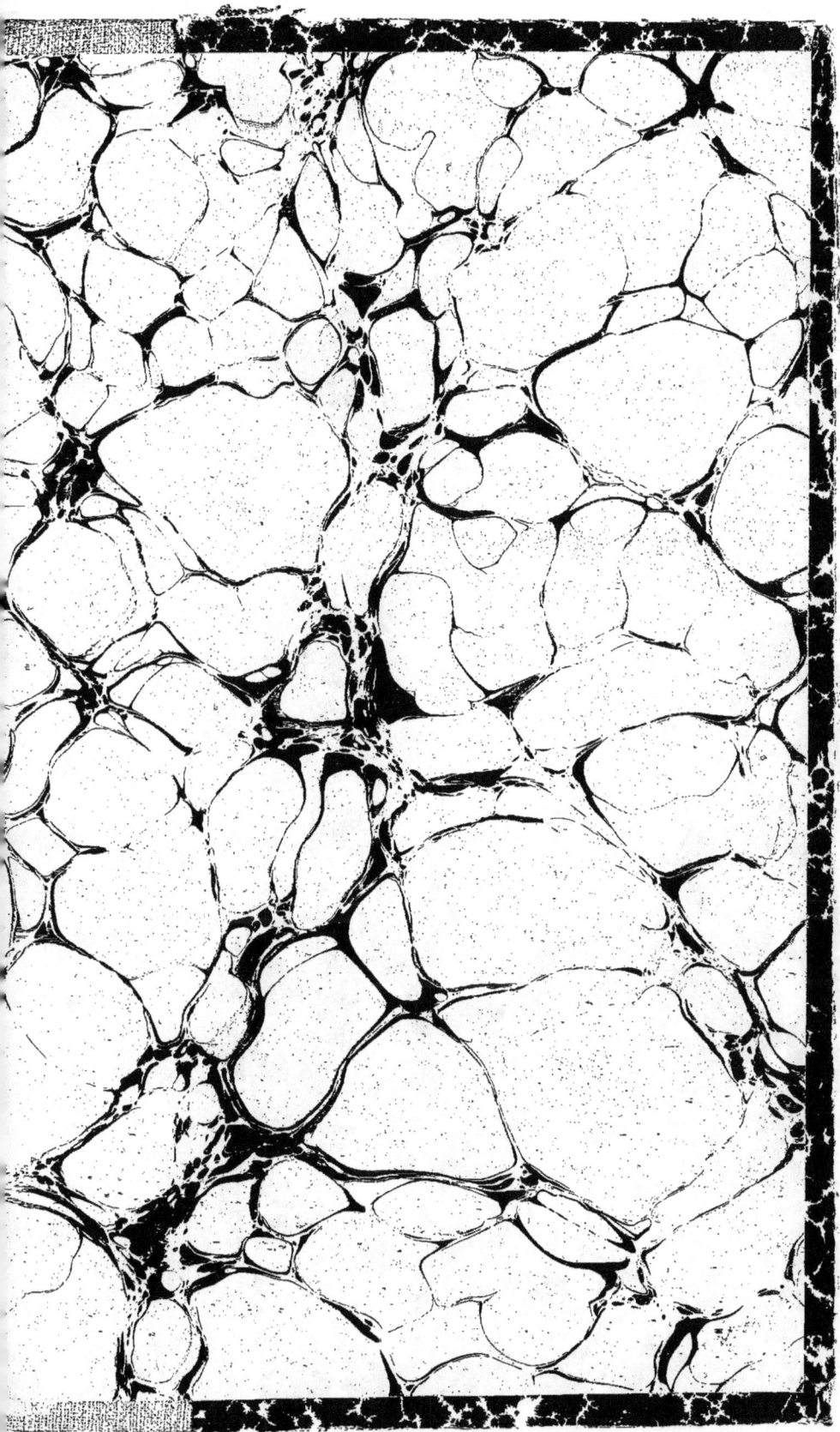

www.ingramcontent.com/pod-product-compliance
Lightning Source LLC
Chambersburg PA
CBHW072111090426
42739CB00012B/2923